할로코드와 함께하는
코딩 모험

기본편

할로코드와 함께하는 코딩모험 기본편

초판 인쇄 2024년 3월 25일
초판 발행 2024년 4월 5일

지은이 김은아
감수 이신우
발행인 김태웅
기획 조경현
편집 화서당
표지 디자인 남은혜
마케팅 총괄 김철영
제작 현대순

발행처 (주)동양북스
등록 제 2014-000055호
주소 서울시 마포구 동교로22길 14(04030)
구입 문의 전화 (02) 337-1737 팩스 (02) 334-6624
내용 문의 전화 (02) 337-1763 이메일 dybooks2@gmail.com

ISBN 979-11-7210-026-1   76560

ⓒ김은아, 2024

본 책은 저작권법에 의해 보호를 받는 저작물이므로 무단 전재와 복제를 금합니다.
잘못된 책은 구입처에서 교환해드립니다.
(주)동양북스에서는 소중한 원고, 새로운 기획을 기다리고 있습니다.
http://www.dongyangbooks.com

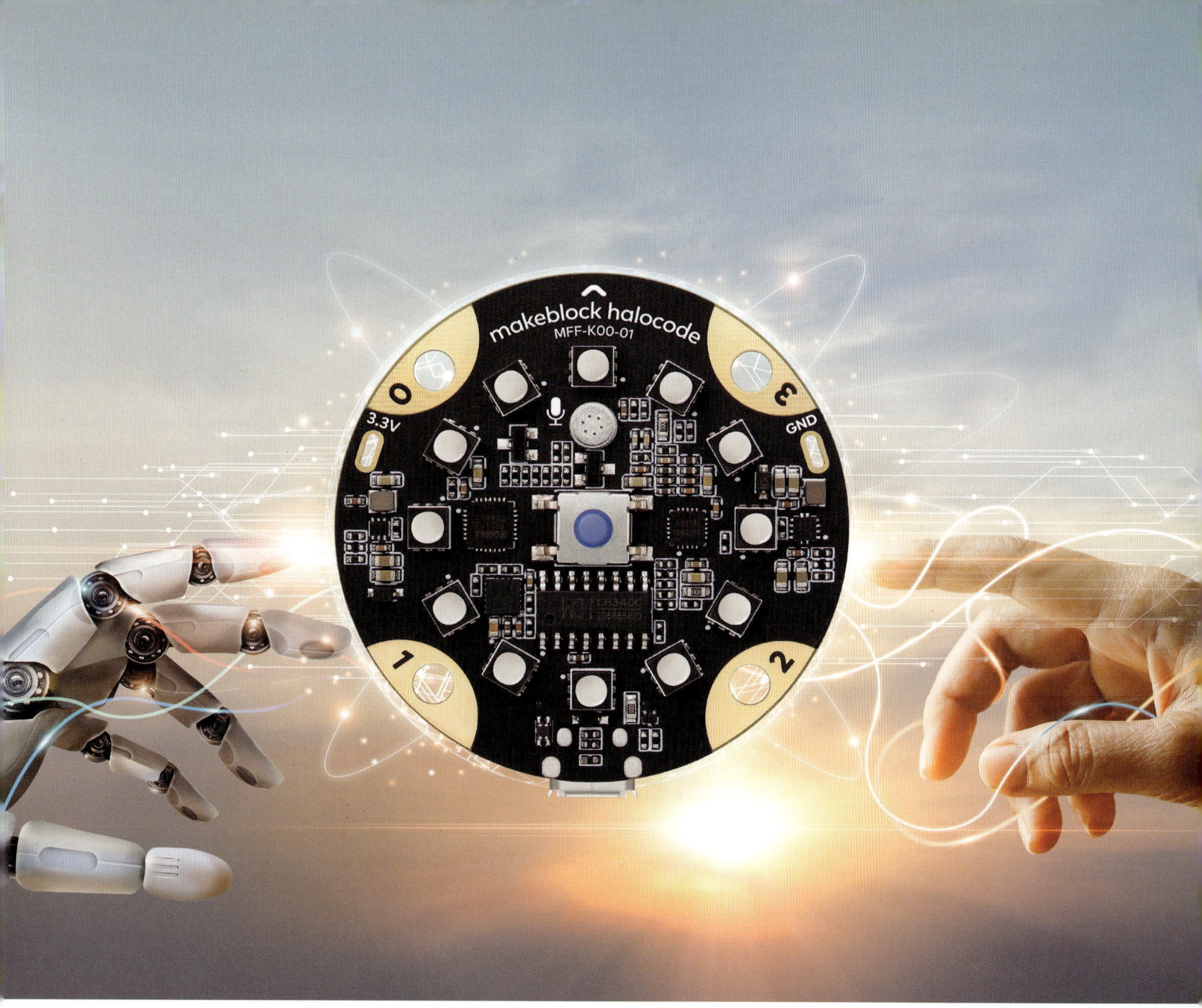

할로코드와 함께하는

코딩 모험

김은아 지음 · **이신우** 감수

기본편

동양북스

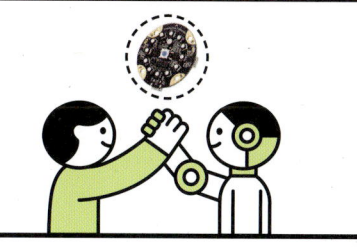

Halocode

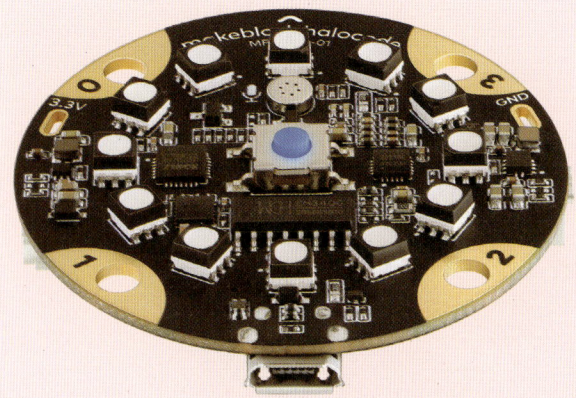

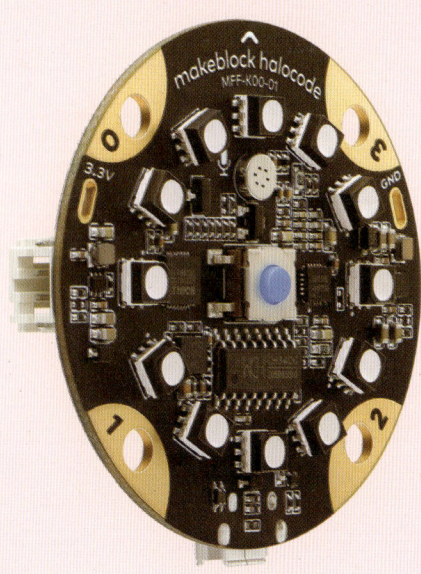
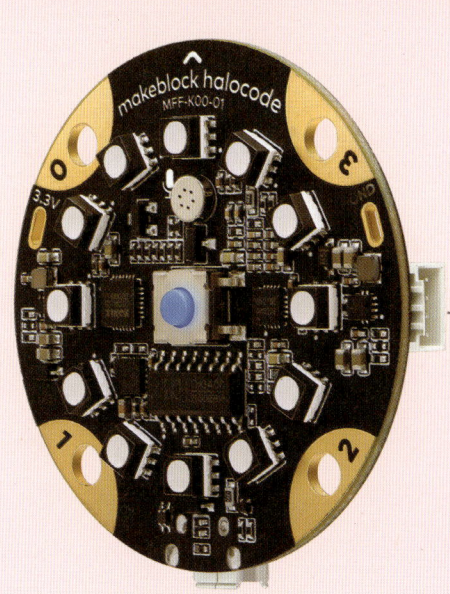

머리말

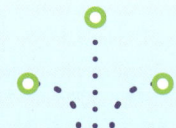

"할로코드와 함께하는 코딩모험"

안녕하세요! 코딩의 세계에 오신 걸 진심으로 환영합니다. 저는 오랫동안 코딩과 인터넷 기반 기술 교육에 대한 열정을 가지고 다양한 교육 프로그램을 개발해왔습니다. 그중 이 책은 할로코드를 이용하여 코딩의 기본부터 심화 단계까지의 여정을 함께할 수 있는 친구 같은 지도서입니다.

《할로코드와 함께하는 코딩모험》은 코딩의 첫걸음을 떼는 이들에게 할로코드가 무엇인지 소개부터 시작합니다. 이어서 mBlock5 프로그램 설치 방법과 RGB LED를 이용한 신호등 제작, 애니메이션 출력, 타이머 제작 등 다양한 프로젝트를 단계별로 안내합니다. 각 챕터에서는 할로코드의 센서 기능을 심도 있게 다루며, 원자로 불빛 만들기, 캠프파이어 불 피우기 등 창의적인 프로젝트도 제시합니다.

이 책은 단순한 코딩 지침서를 넘어서 다양한 센서와 함께하는 실습 중심의 학습을 제공합니다. 터치 센서로 조명 색깔을 변경하는 방법부터 버튼과 터치를 이용한 암호 시스템, 모션 센서를 활용한 게임 제작까지, 다양한 활동을 포괄합니다. 이러한 활동을 통해 독자들은 코딩을 통한 문제 해결 능력과 창의력까지 키울 수 있습니다.

《할로코드와 함께하는 코딩모험》은 코딩 초보자부터 경험 있는 학습자까지 모두에게 적용할 수 있습니다. 각 챕터마다 명확한 지침을 제공하여, 혼자 또는 친구들과 함께 재미있고 창의적인 프로젝트를 해볼 수 있도록 코딩의 즐거움을 깊이 있게 전달합니다. 이 책을 통해 여러분도 할로코드의 마법 같은 세계에서 특별한 즐거움을 만끽해 보시길 바랍니다!

김은아

차 례

머리말

CHAPTER 01	코딩의 첫걸음 – 할로코드와의 만남	08
CHAPTER 02	mBlock5 프로그램 설치하기	13
CHAPTER 03	RGB LED를 이용하여 신호등 만들기	30
CHAPTER 04	RGB LED의 애니메이션 출력하기	37
CHAPTER 05	12초 타이머 만들기	43
CHAPTER 06	할로코드의 센서와 친해지기	48
CHAPTER 07	원자로 불빛 만들기	54
CHAPTER 08	캠프파이어 불 피우기	59
CHAPTER 09	터치 센서로 조명 색깔 변경하기	64
CHAPTER 10	버튼의 마법 – 간단한 게임 만들기	69
CHAPTER 11	버튼과 터치로 암호 시스템 만들기	74
CHAPTER 12	모션 센서로 움직임을 감지하는 알람 시스템 만들기	80
CHAPTER 13	모션 센서로 판다 조종하기	85

CHAPTER 14	마이크 센서로 소음 감지기 만들기	94
CHAPTER 15	디지털 나침판 만들기	100
CHAPTER 16	로켓 발사 장치 만들기	108
CHAPTER 17	밝기 조절 가능한 나만의 터치 조명 만들기	115
CHAPTER 18	만보기 만들기	123
CHAPTER 19	디지털 풍선 불기	133
CHAPTER 20	와이파이로 세상과 연결하기	141
CHAPTER 21	LAN으로 더 빠르게 연결하기	148
CHAPTER 22	LAN에서 데이터를 보내고 받기	153
CHAPTER 23	모션 센서로 술래잡기 게임 만들기 1	162
CHAPTER 24	모션 센서로 술래잡기 게임 만들기 2	171

CHAPTER 1

코딩의 첫걸음
- 할로코드와의 만남

학습목표
1. 코딩이 무엇이며, 코딩 교육이 왜 필요한지 이해합니다.
2. 할로코드에 대해 알아봅니다.
3. 할로코드의 구조와 특징에 대해 알아봅니다.

모험 준비 할로코드가 가지고 있는 센서와 그 특징들을 알아봅니다.

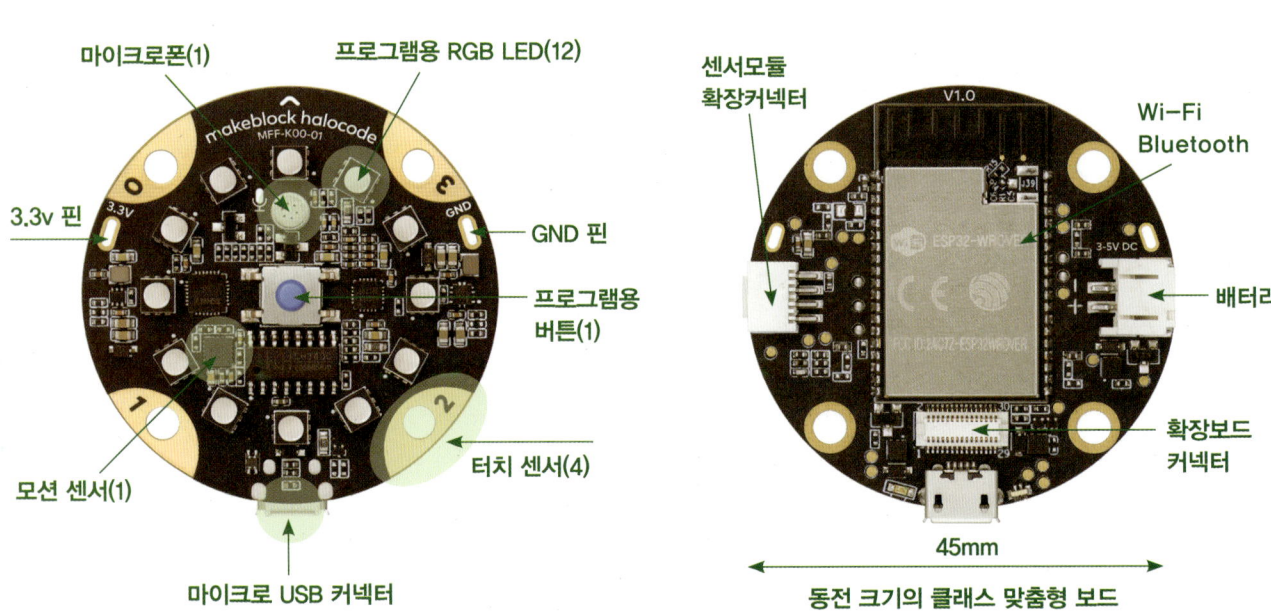

이제 여러분의 코딩 여정에 동반자가 될 '할로코드'를 본격적으로 소개하겠습니다. 이 소형 컴퓨터는 작은 크기와 달리 코딩의 세계에서는 거인과 같은 역할을 합니다. 선전(深圳, Shenzhen)의 혁신적 기업 'Makeblock'에서 탄생한 할로코드는 코딩 교육의 혁신을 위해 만들어졌습니다.

1 연결의 마법: 와이파이와 블루투스

할로코드는 최신 와이파이와 블루투스 기술을 탑재하여 언제 어디서나 연결이 가능합니다. 이 작은 기기가 어떻게 여러분의 명령을 이해하고 반응하는지 경험해 보세요. 내장된 다양한 센서들은 여러분이 버튼을 누르거나 기기를 움직일 때마다 놀라운 반응을 보여줄 것입니다.

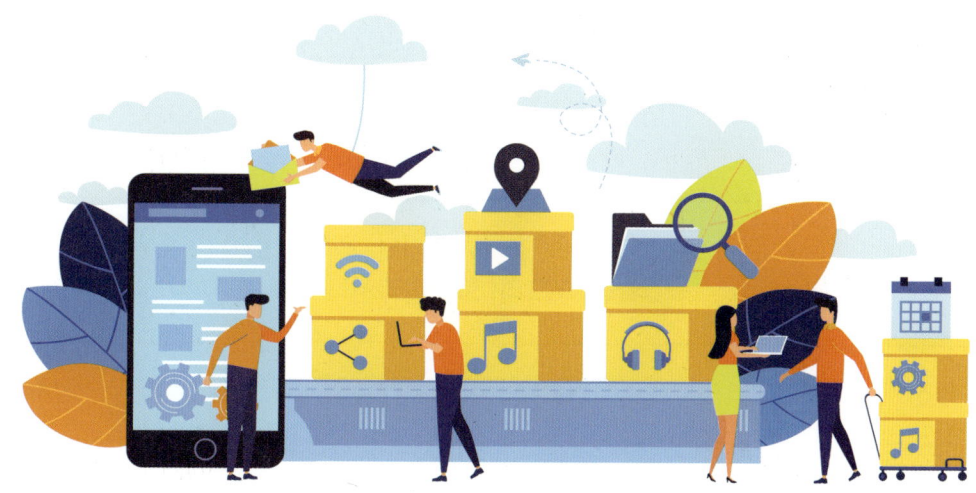

2 코딩 언어: mBlock5와 마이크로파이썬

초보자도 쉽게 접근할 수 있는 블록 기반 코딩 언어인 mBlock5부터 더 전문적인 코딩을 위한 마이크로파이썬까지 할로코드는 다양한 프로그래밍 언어를 지원합니다. 단순한 작업부터 복잡한 프로젝트에 이르기까지 할로코드는 여러분의 창의력을 실현시켜 줄 완벽한 도구입니다.

3 제품 기능과 하드웨어 안내

할로코드의 기능과 하드웨어를 사용하는 방법에 대한 설명 이미지가 포함되어 있습니다. 시작하기 전에 이 부분을 꼼꼼히 읽어 보고, 할로코드를 최대한 활용하는 방법을 익혀 보세요.

할로코드 하드웨어 사양

버전	Makeblock HaloCode
패키지 정보	희미한 (LDH): 2*4.7*4.7cm
프로세서	코어: Xtensa듀얼 코어 32 비트 LX6 마이크로 프로세서; CPU 클럭 속도: 240Mhz
칩	ESP32
온보드 메모리	플래시 ROM: 440K: 520K 확장 메모리: SPI 플래시: 4MB PSRAM: 4MB
통신	USB 포트, Bluetooth, WiFi (듀얼 모드, 메시 라우터 액세스)
온보드 구성 요소	RGB LED 12개, 모션 센서, 마이크, 버튼, 터치 센서 4개 (PWM 출력을 생성할 수 있는 I/O 핀 4개, 디지털 입력포트 4개, 아날로그 입력포트 2개)
외부 구성 요소	악어 클립, 확장 보드
작동 전압	3.3V
소프트웨어	mBlock5
코딩 언어	블록 기반 프로그래밍 언어, Python
플랫폼 호환성	웹 사이트: 위의 MacOS 10.10 / 위의 Win7 / Chromebook / Linux PC 응용 프로그램: 위의 MacOS 10.10 / 위의 Win7

4 프로그래밍의 여정을 시작하며

할로코드와 함께라면 프로그래밍은 더 이상 어렵지 않습니다. 지금 바로 할로코드와 함께 프로그래밍의 신나는 세계로 여행을 시작해 볼까요? 여러분의 상상력이 현실이 되는 그 순간을 위해 할로코드가 여기에 준비되어 있습니다.

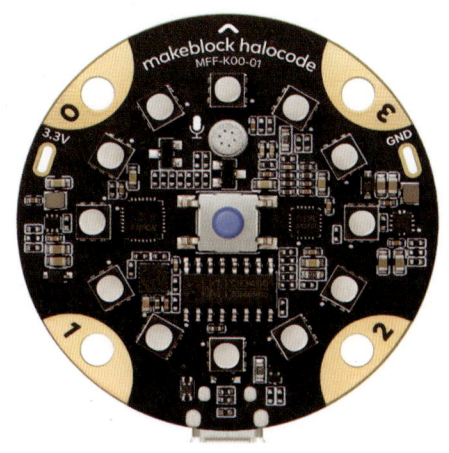

패키지 전면에는 12개의 작은 구멍이 있어서 패키지를 열지 않고도 LED의 상태를 확인할 수 있습니다.

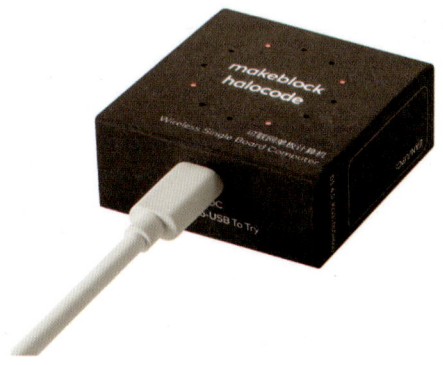
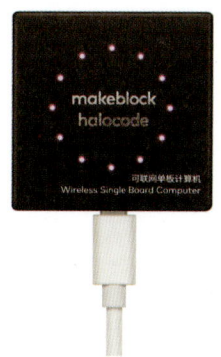

시작 전 확인 활동

1 작동 상태를 확인해 봅니다.

2 전원이 연결되면 버튼을 1번 누르고 동작을 살펴봅니다.

3 터치 센서를 만지면 어떤 반응을 보이는지 살펴보고 적어 보세요.

버튼을 1번 더 누르거나 전원을 껐다가 다시 켜며 2번을 연속으로
누르면 됩니다.

4 소리에 어떻게 반응하는지를 살펴보고 결과를 적어 보세요.

버튼을 1번 더 누르거나 전원을 껐다가 다시 켜며 3번을 연속으로 누르면
실행 모드로 바뀝니다.

5 기울기에 어떻게 반응하는지를 살펴보고 결과를 적어 보세요.

버튼을 1번 더 누르거나 전원을 껐다가 다시 켜며 4번을 연속으로 누르면
실행 모드로 바뀝니다.

*주의사항
업로드 모드를 사용한 할로코드는 위 기능이 작동하지 않습니다.
동양북스 홈페이지에서 파이썬 프로그램을 다운받아서 업로드 후 사용하세요.

CHAPTER

2 mBlock5 프로그램 설치

학습 목표
1. mBlock5 앱의 설치 및 기본 설정 방법을 이해합니다.
2. mBlock5 앱의 기본 메뉴 구성을 파악합니다
3. 블록 코딩을 통해 기본적인 코딩 개념을 이해합니다.

모형 준비 이번에는 코딩의 기본적인 환경을 설정하고, mBlock5 앱의 기본 메뉴 구성을 이해하는 시간을 갖겠습니다. 이를 통해 여러분은 코딩 환경의 중요성과 기본적인 코딩 개념에 대해 알아볼 수 있으며, 코딩의 재미를 느끼기 시작할 것입니다.

1 mBlock5 버전의 종류

공식 홈페이지 www.mblock.cc에 접속하여 다운로드받을 수 있습니다.

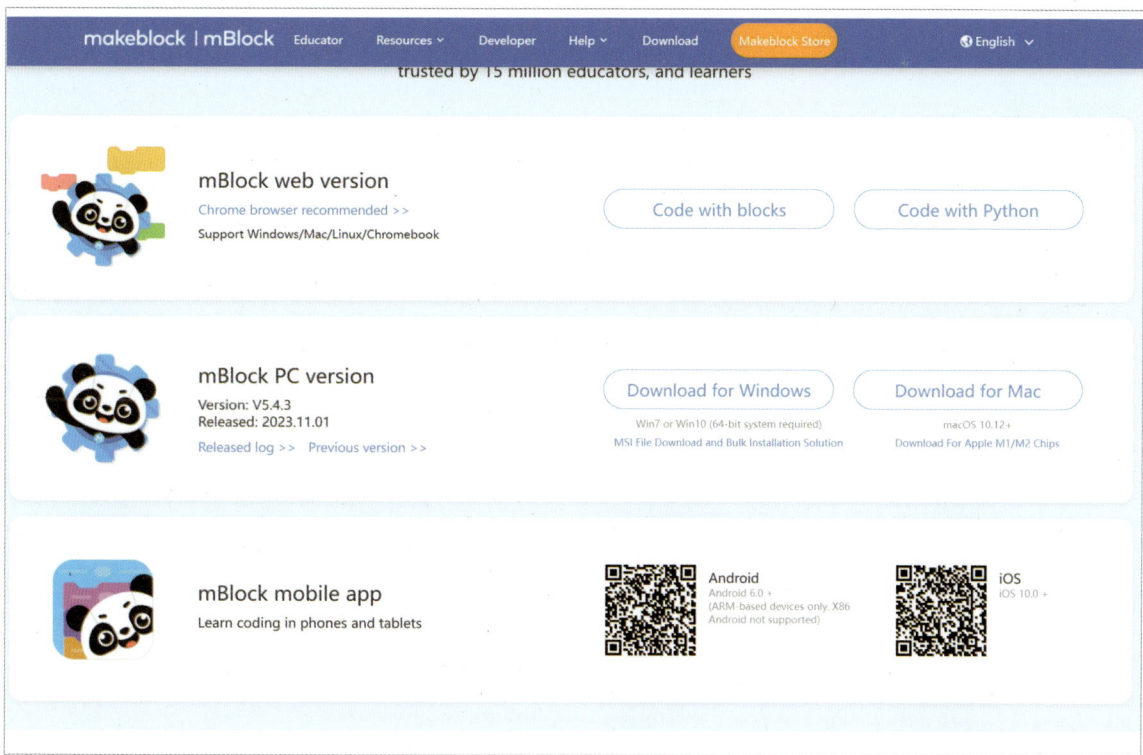

웹 버전과 PC 설치용 버전 그리고 모바일 버전으로 사용이 가능합니다.

우리가 실습에 사용하는 태블릿 버전은 안드로이드(Android) 또는 아이폰, 아이패드(ios)를 사용하여 아래 QR코드를 찍어서 다운받을 수 있습니다.

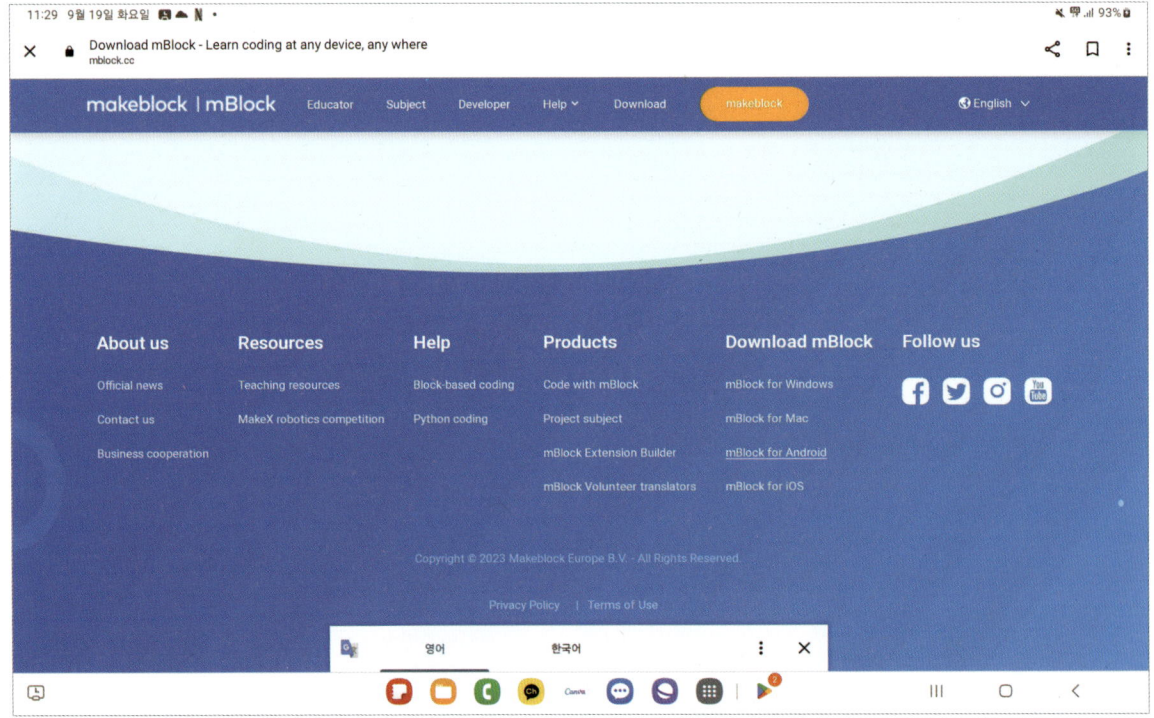

TIP 다운로드 웹페이지에서 오른쪽 하단에 mBlock for Android를 클릭해서 다운로드합니다.

② 프로그램 설치

1 무시하고 다운로드를 선택합니다.

2 다운로드가 완료되면 열기를 선택합니다.

3 설치를 선택합니다.

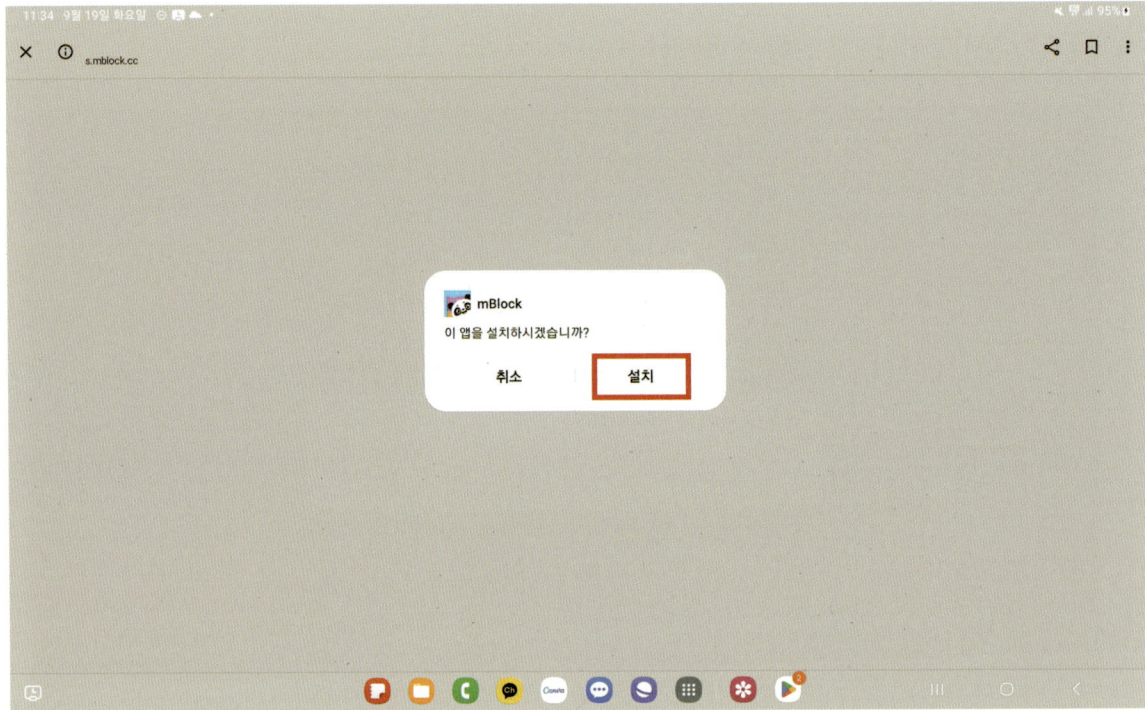

4 무시하고 설치를 선택합니다.

5 설치 중 화면입니다.

6 열기를 선택하면 Mblock5 앱이 실행됩니다.

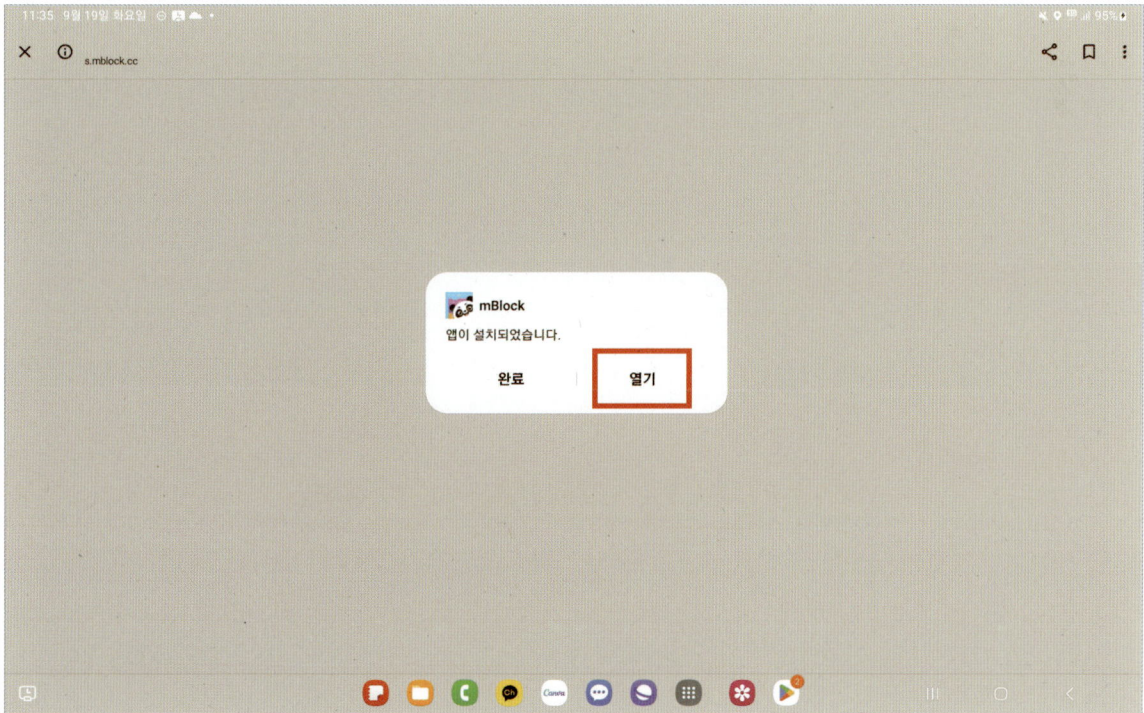

3 회원 가입/로그인 (설치한 mBlock5 들어가기)

1 화면 좌측 상단의 아이콘을 클릭합니다.

2 본인이 사용하는 이메일 주소를 입력합니다.

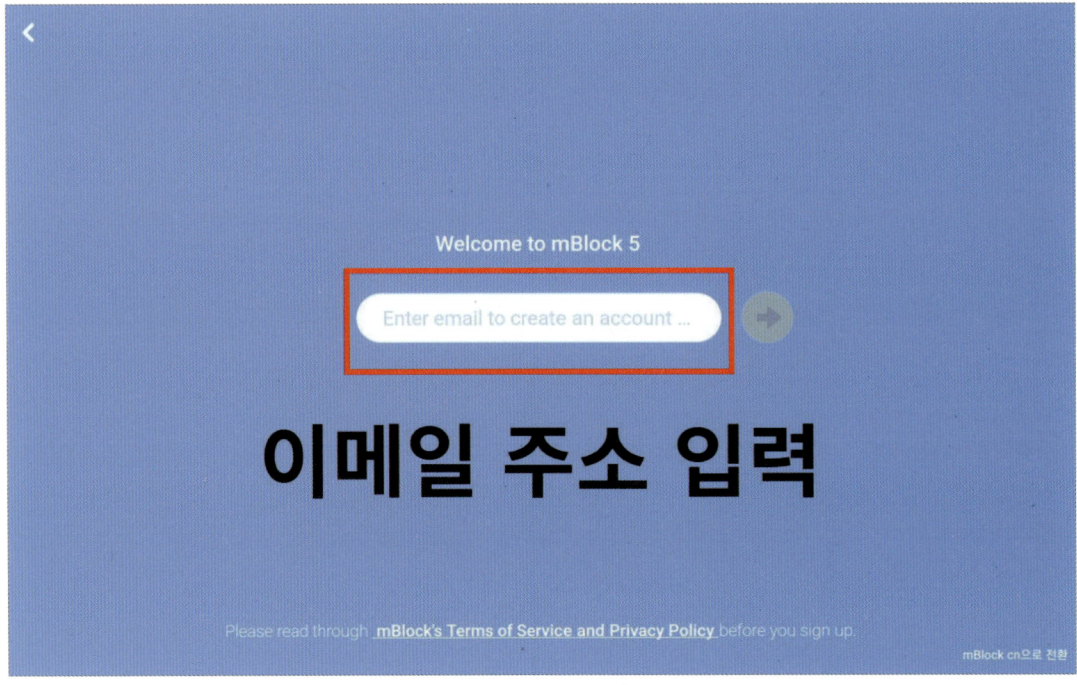

할로코드와 함께하는 코딩모험

3 메일 주소 입력 반복 오류 시 아래 슬라이더를 끌어서 확인합니다.

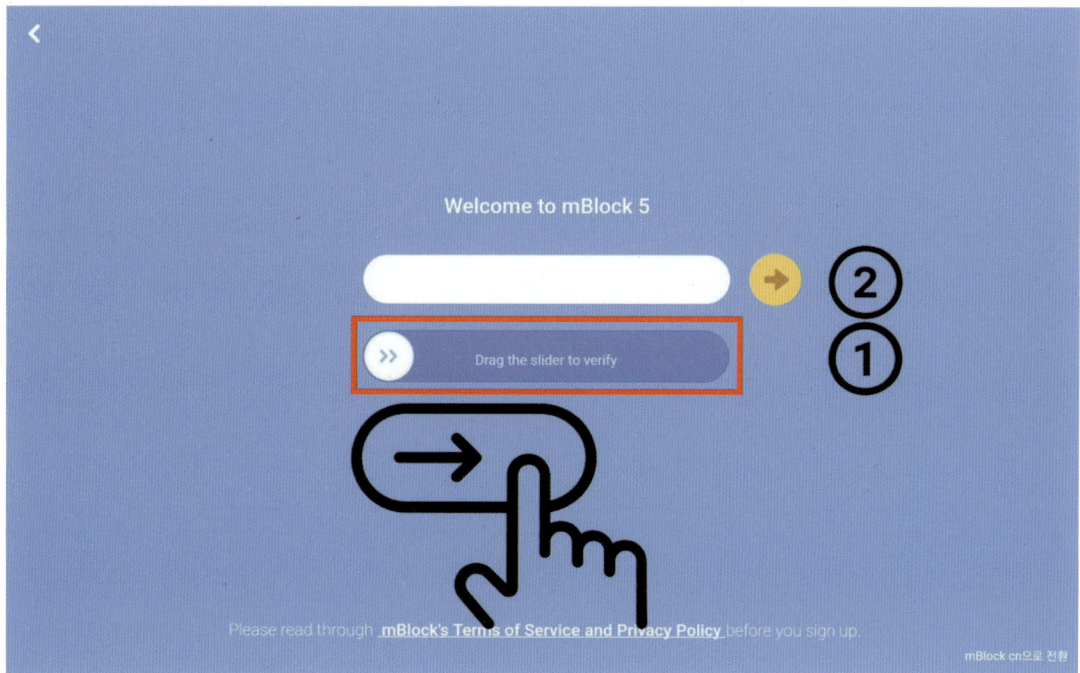

4 아니오를 선택합니다.

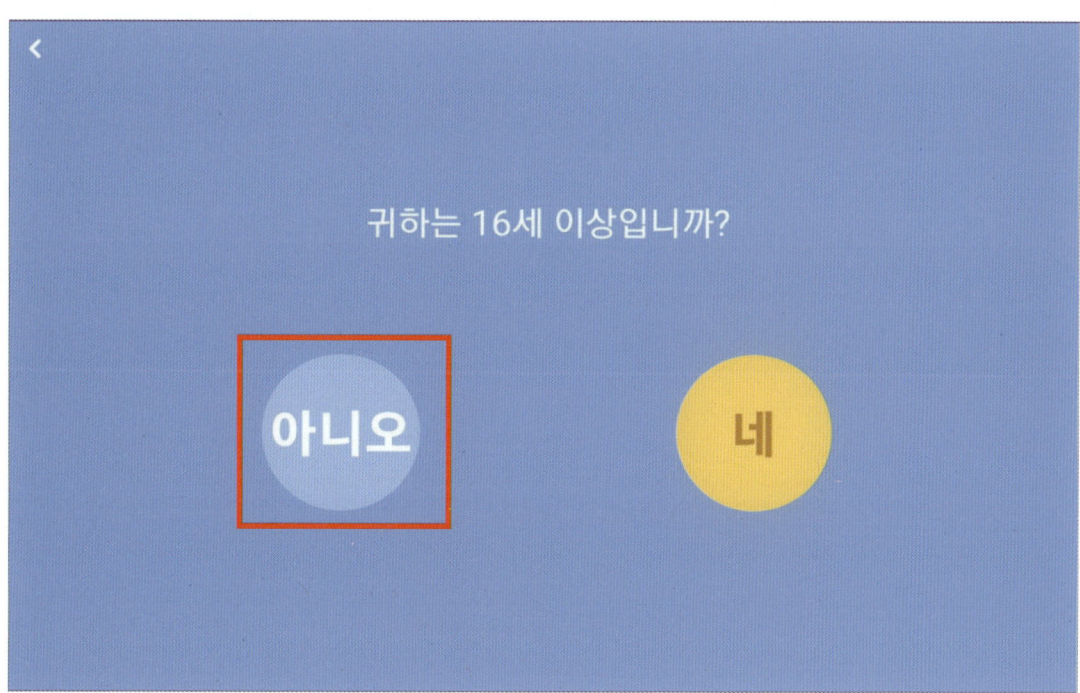

5 화면 하단 노란 버튼(I am his/her guardian)을 선택합니다.

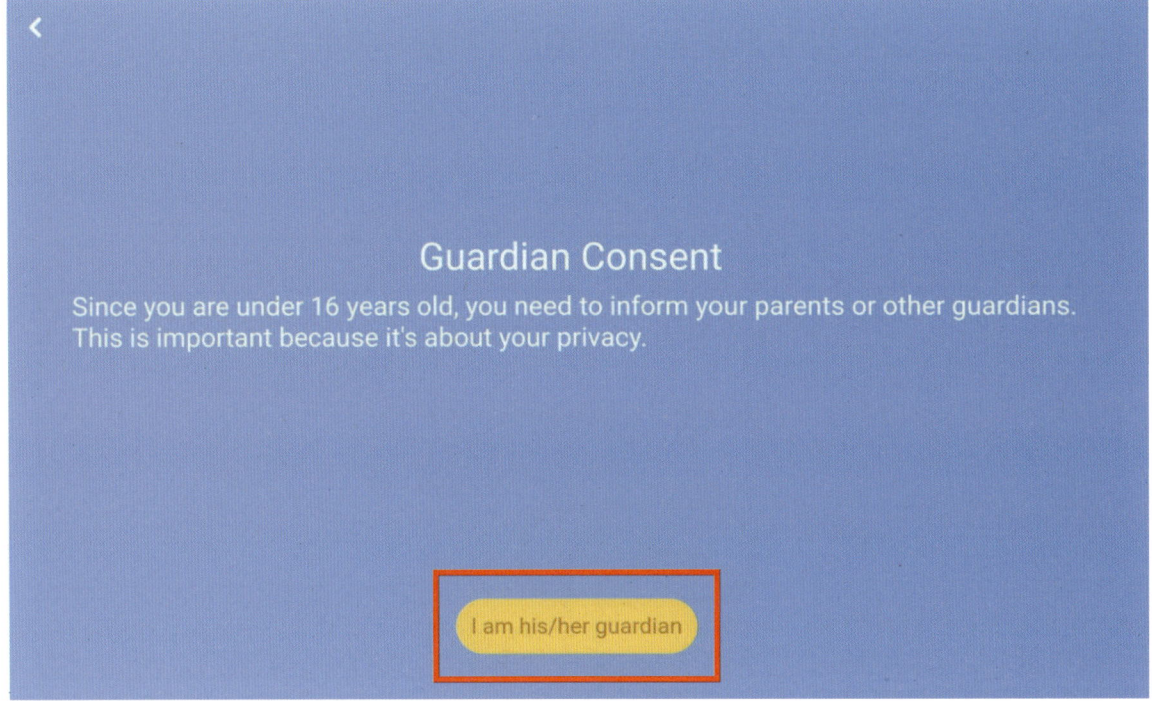

6 동의하고 계속하기(Agree and continue) 버튼을 클릭합니다.

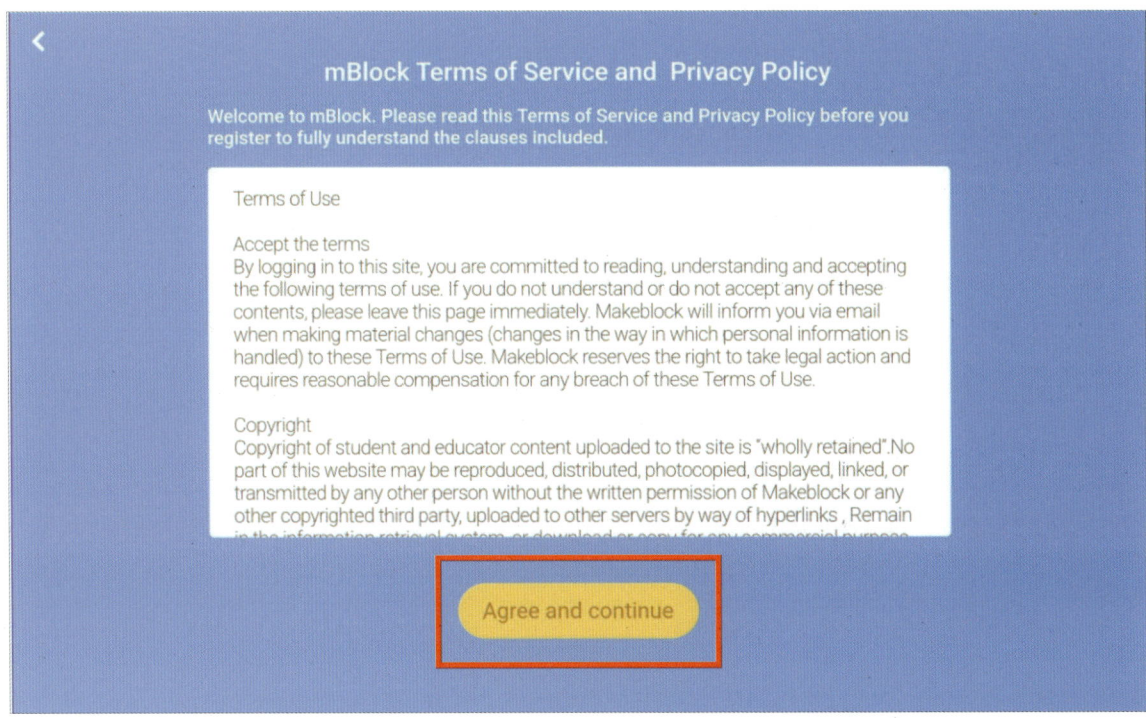

7 메일 수신 확인 후 인증번호를 입력합니다.
비밀번호 입력 시 60초 이내에 입력해야 합니다.

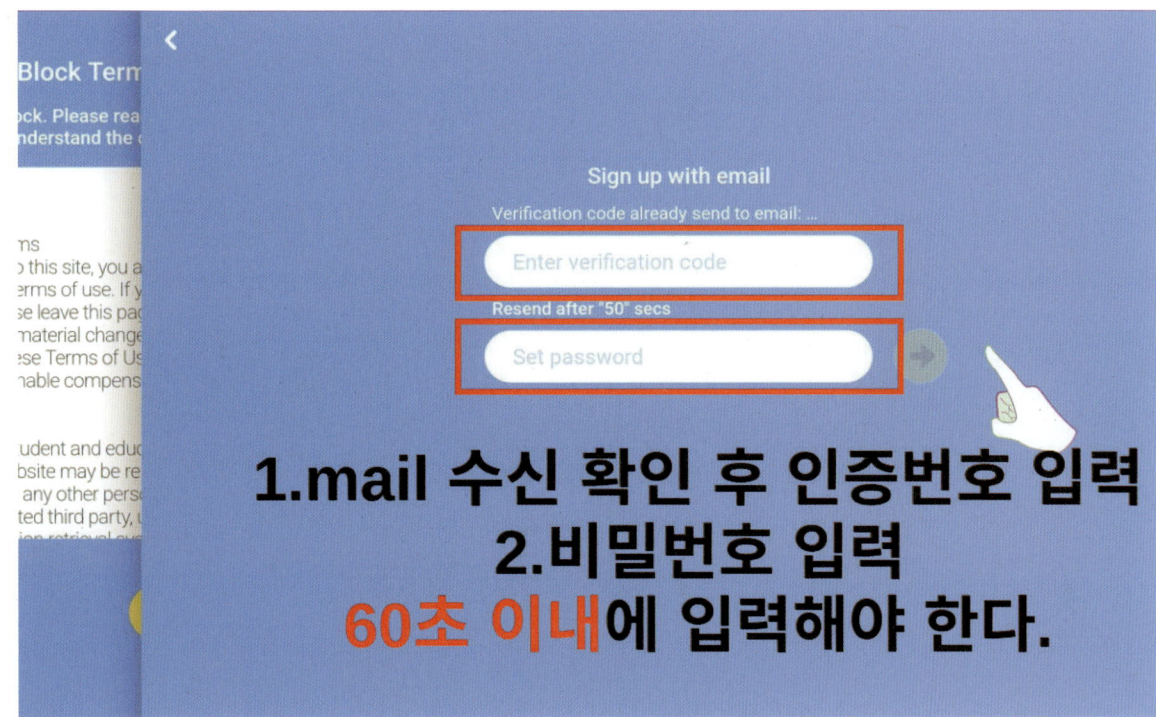

8 로그인이 완료되면 판다 모양으로 아이콘이 바뀝니다.

9 계정이 있는 경우

① 로그인 계정이 있는 경우 사용하는 이메일 주소를 입력합니다.

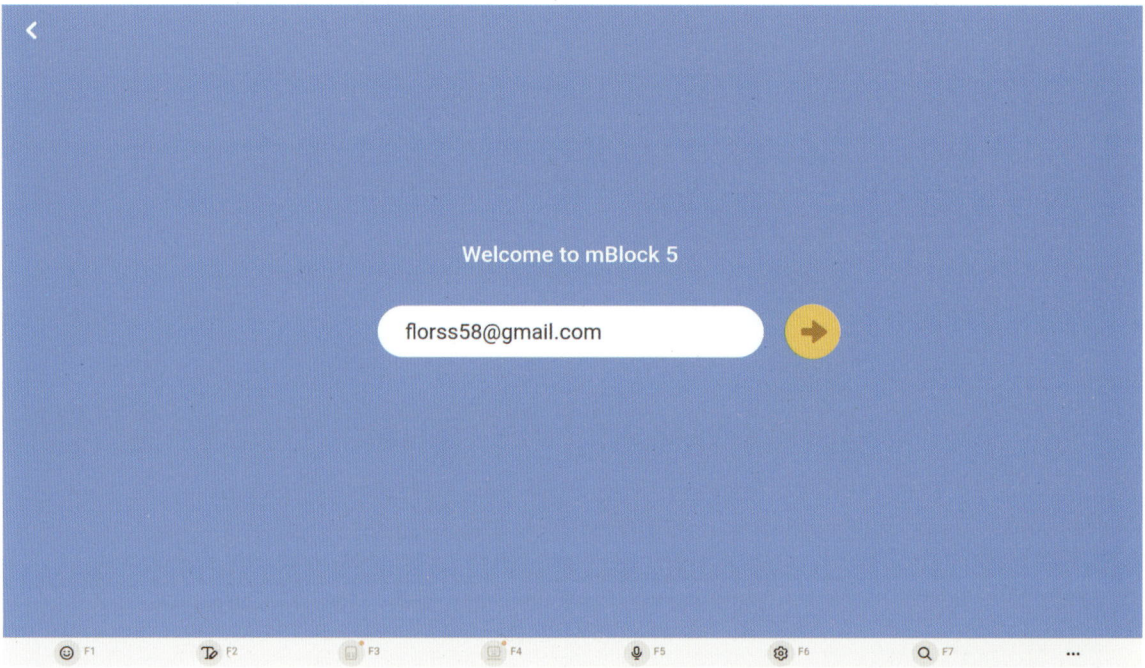

② 이메일과 비밀번호를 입력하면 로그인이 완료됩니다.

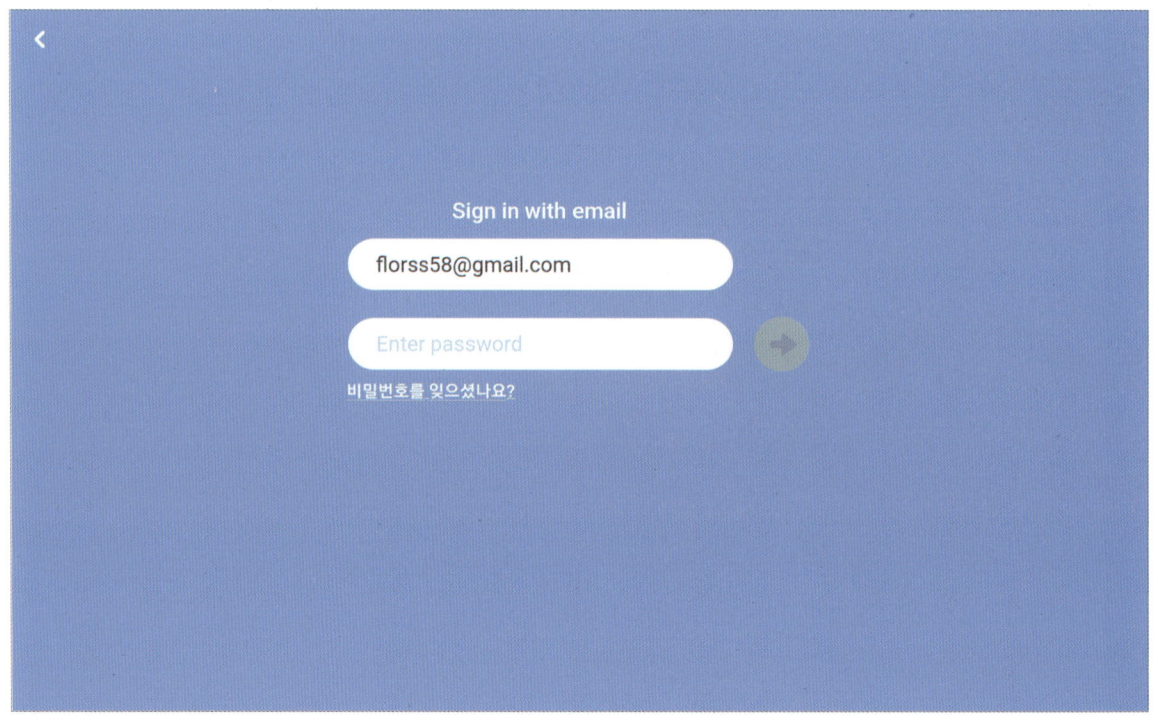

4 앱 메뉴 탐험

1 mBlock5 앱의 메뉴를 탐험하며 각 메뉴의 기능을 알아봅니다.
2 메뉴의 다양한 기능을 클릭해 보며 탐험합니다.

① 시작하기를 선택하여 코딩을 시작합니다.

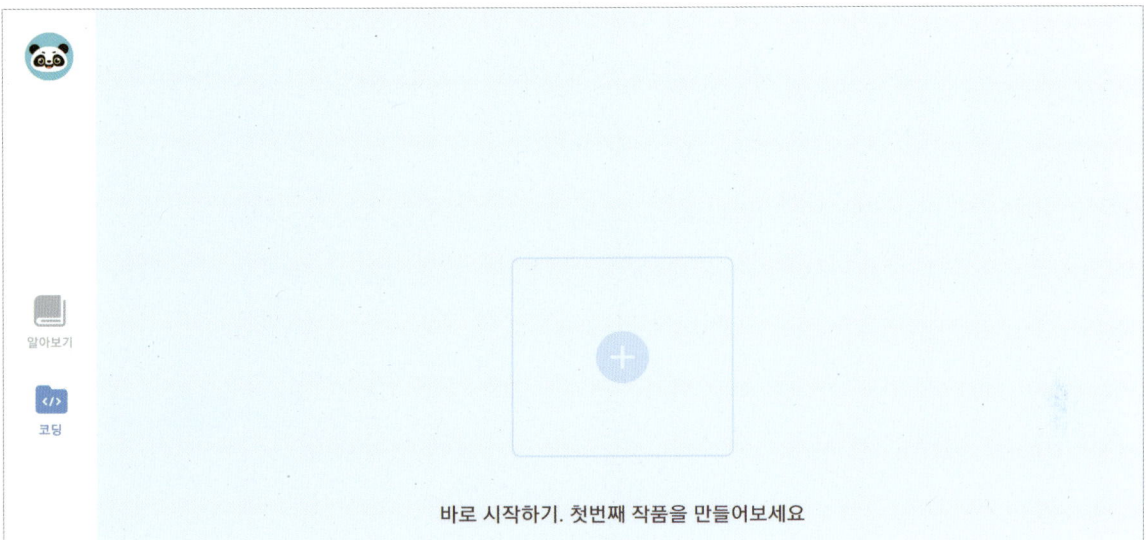

② 할로코드를 선택 후 체크 확인을 터치합니다.

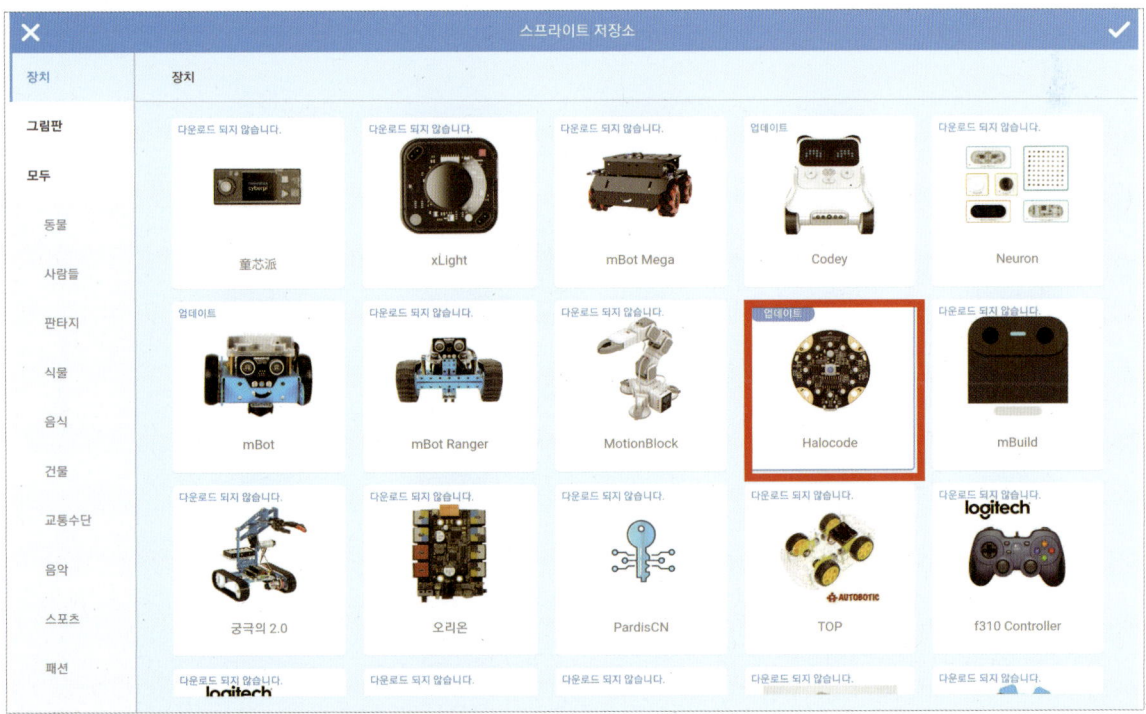

③ 할로코드를 터치하면 연결 모드로 들어갑니다.

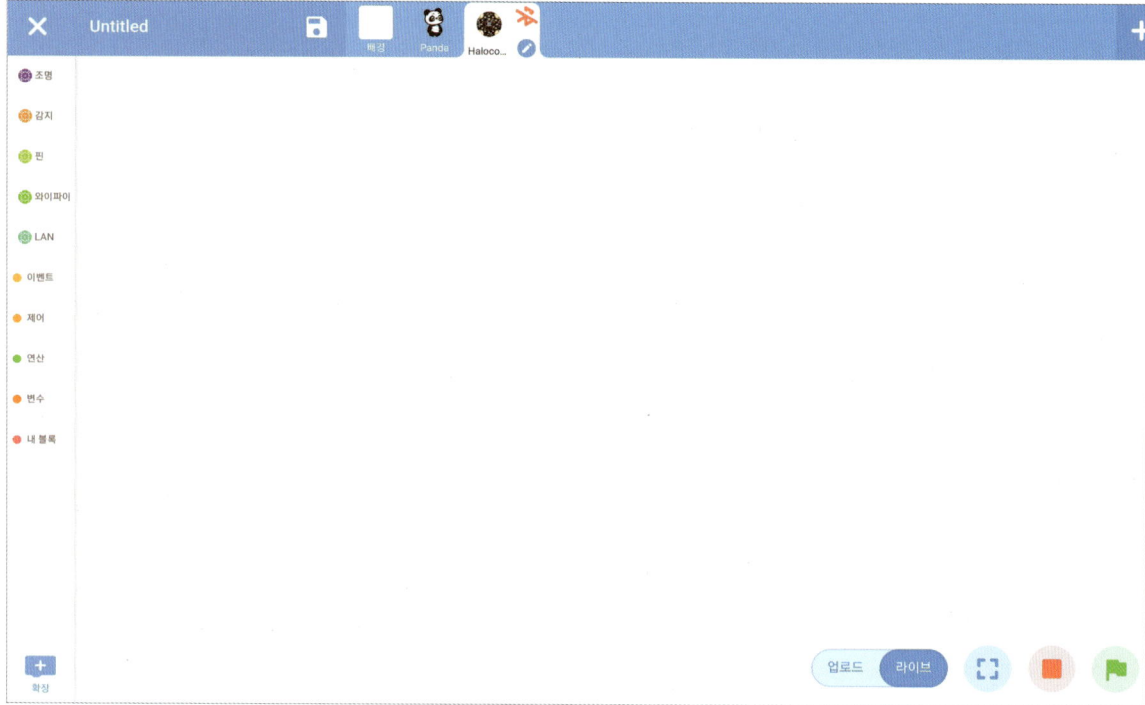

④ 연결을 선택합니다.

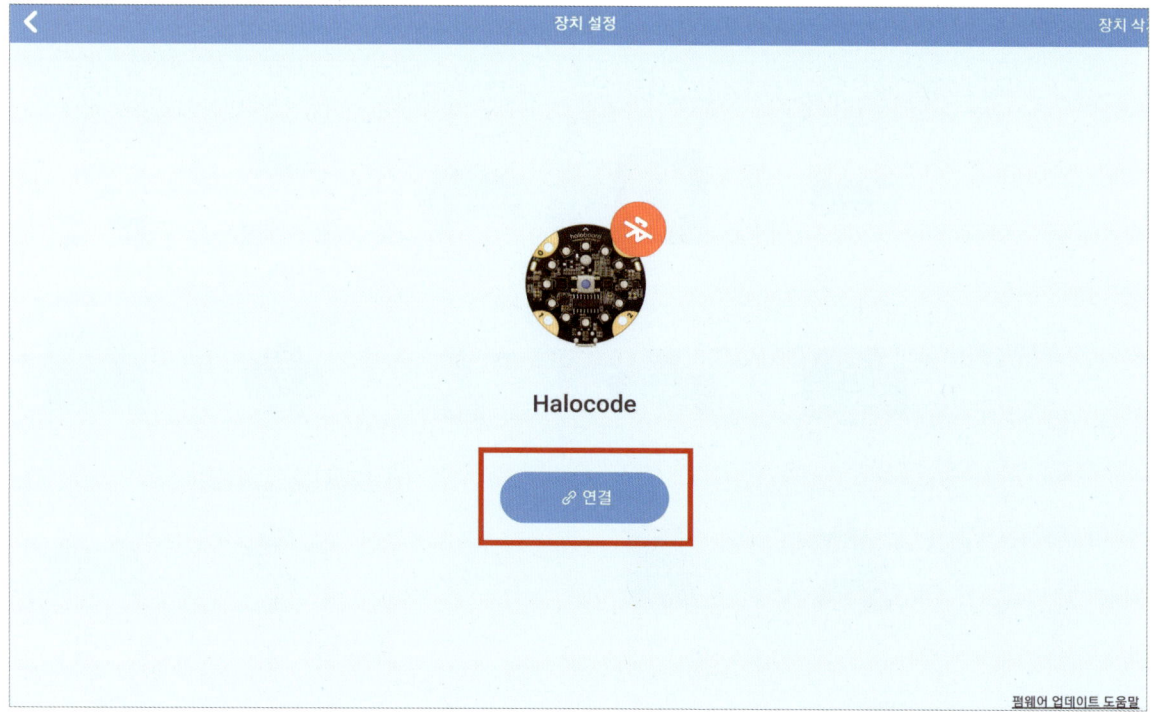

⑤ 허용을 선택합니다.

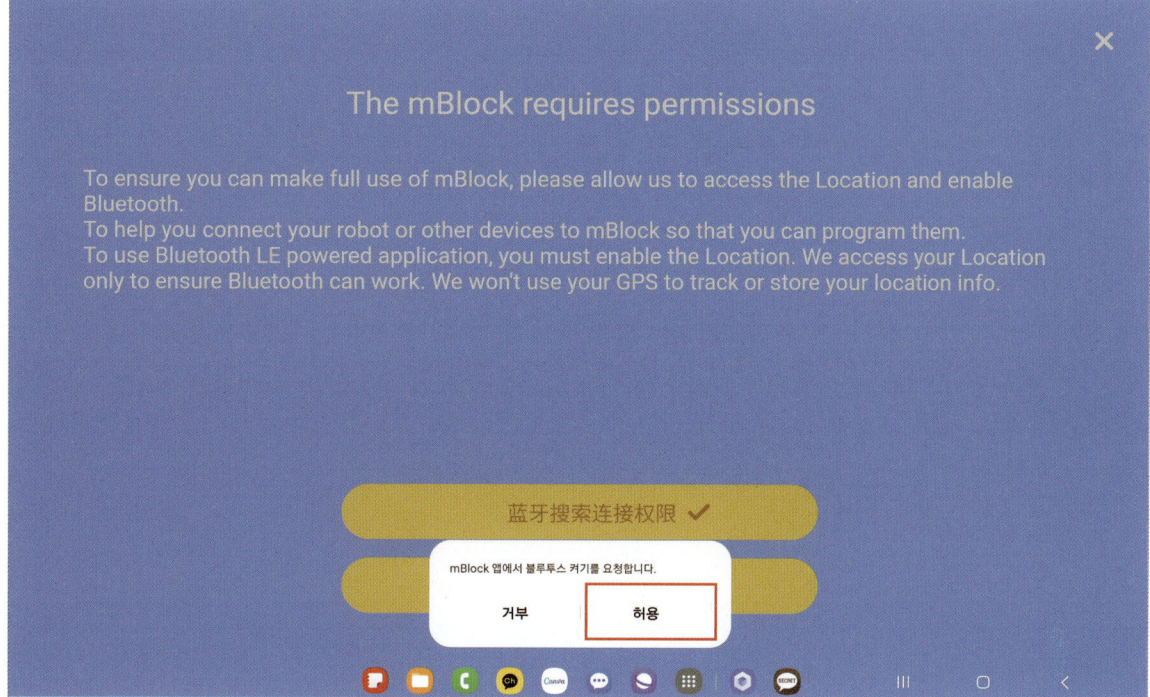

⑥ 허용을 선택합니다.

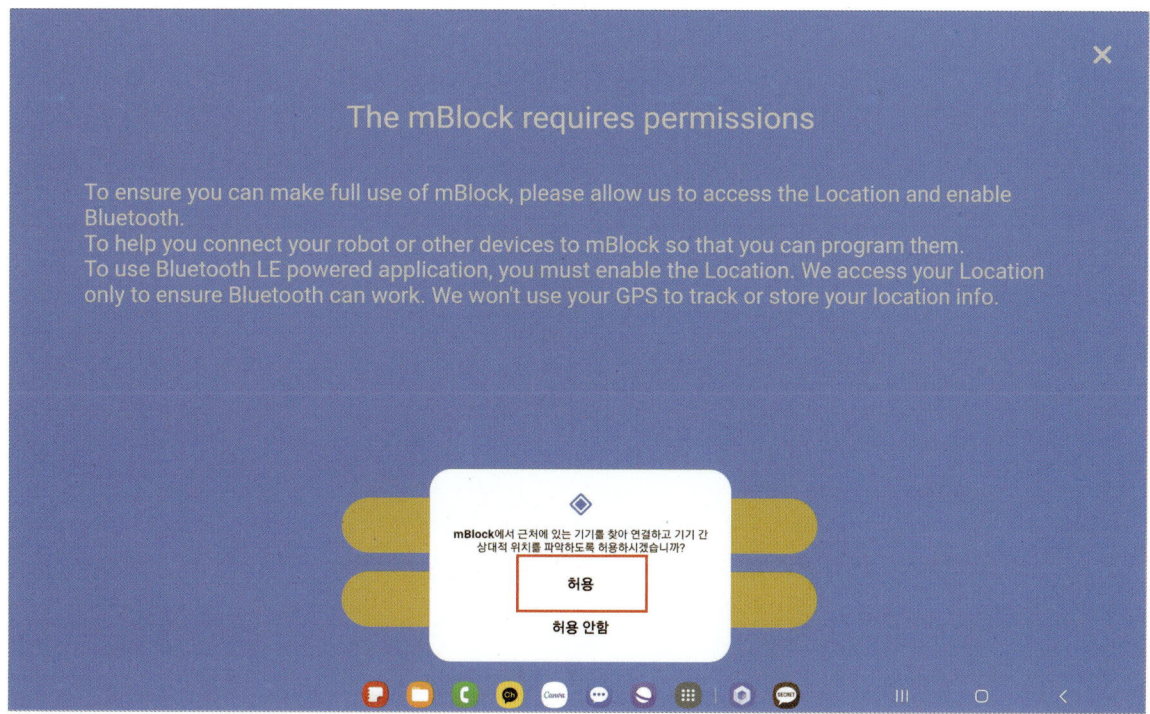

⑦ 마지막으로 확인하면 연결이 완료됩니다.

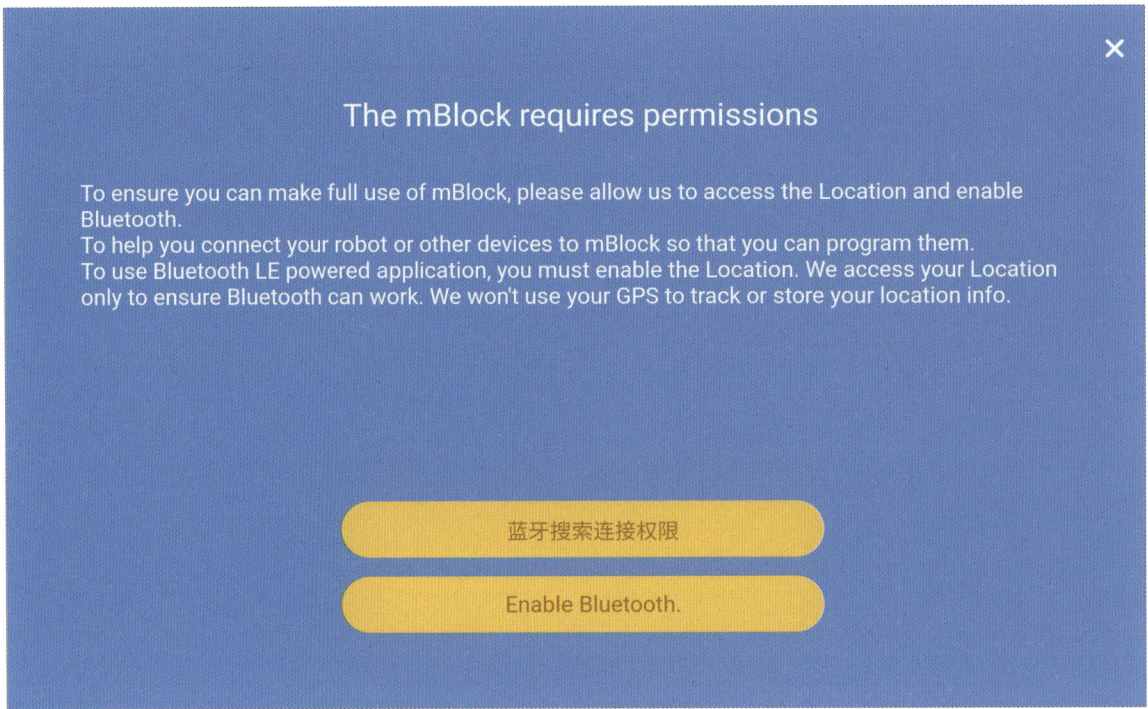

⑧ 연결이 완료되면 코딩으로 돌아가기를 선택합니다.

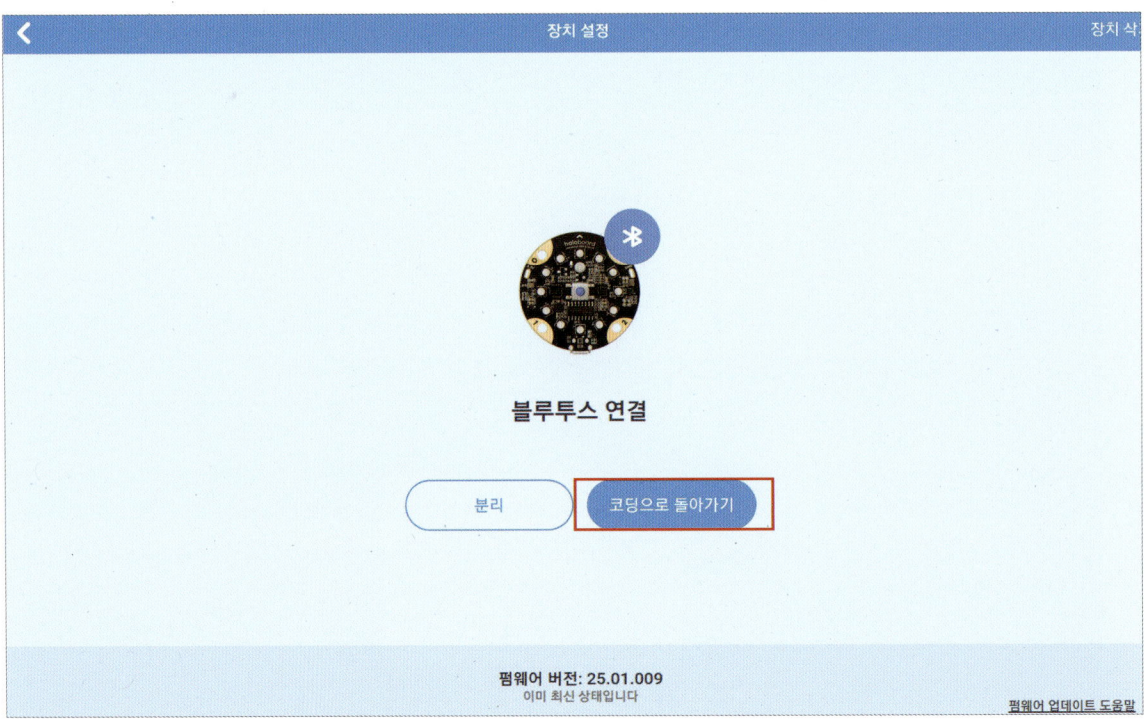

5 코딩 화면 구성 안내 및 블록 코딩 실습

1 메뉴 화면 구성 (태블릿)

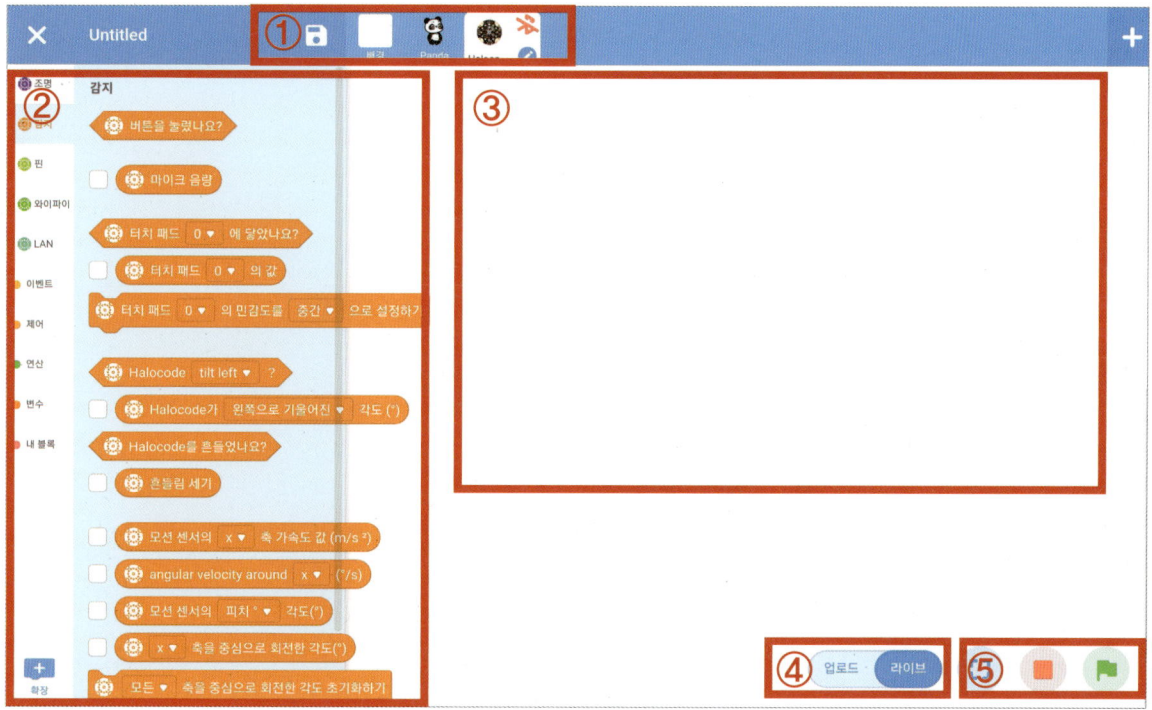

① **스프라이트 영역**
저장, 배경, 스프라이트, 장치: 장치 추가 및 연결, 스프라이트 속성 설정, 배경 패턴 및 소리 설정

② **블록 영역**
프로그램에 필요한 블록 제공,
기능을 색상으로 구별

③ **스크립트 영역**
블록 영역에서 스트립트 영역으로 블록을 드래그 앤 드롭으로 가져다 놓으면 프로그래밍 완료

④ **실행 모드 변경**
업로드: 작성된 프로그램을 메모리에 저장하여 독립적으로 실행
라이브: 연결된 상태로 프로그램 실행

⑤ **스테이지 보기, 정지, 실행 버튼**

●	조명	할로코드 조명 블록
●	감지	할로코드 감지 블록
●	핀	할로코드 핀 블록
●	와이파이	할로코드 와이파이 블록
●	LAN	할로코드 랜 블록
●	이벤트	이벤트 관련 명령
●	제어	절차 제어 및 반복
●	연산	수학 및 논리 연산
●	변수	변수 설정 및 초기화
●	내 블록	새로운 블록 설정

2 메뉴 화면 구성 (PC)

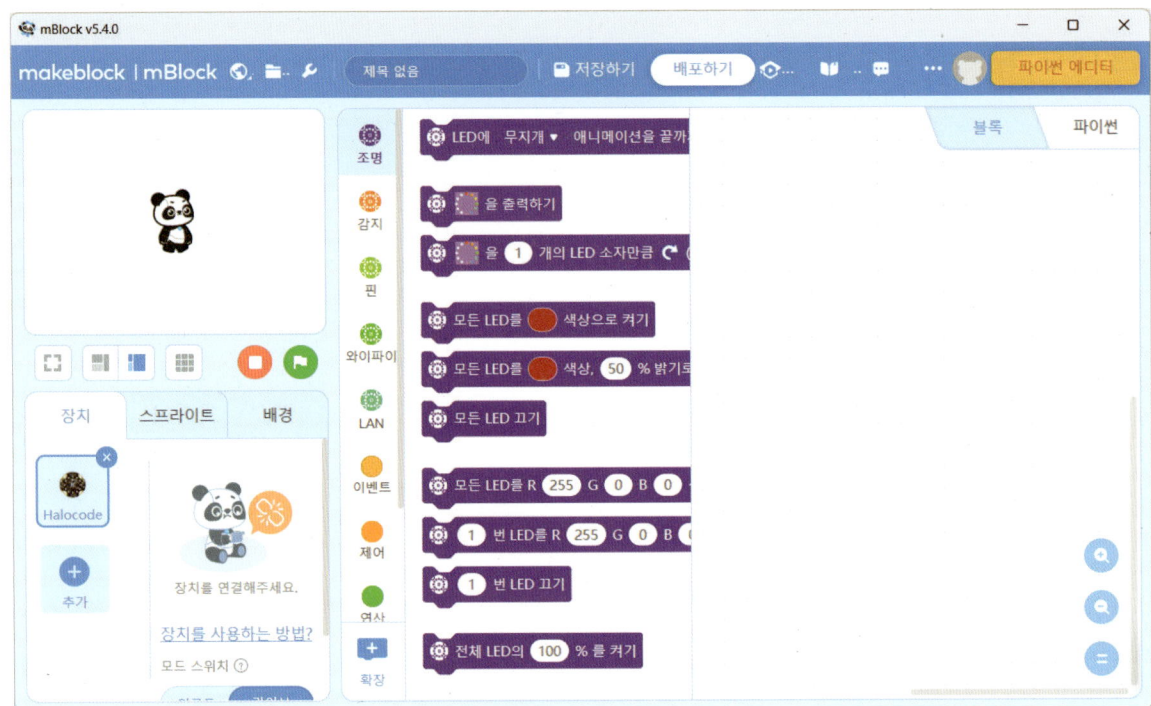

mblock5의 사용법은 어렵지 않습니다. 블록 영역에서 스크립트 영역으로 블록을 가져다 놓으면 프로그래밍이 완료됩니다.

6 코딩 프로그램 실습

이벤트 : 블록을 스크립트로 가져옵니다.

조명 : 블록을 가져와서 블록 아래에 붙입니다.

완성된 프로그램　　　　　　　　**실행 결과**

할로코드와 함께하는 코딩모험

설치 후 확인 활동

여러분은 mBlock5 앱 설치 및 기본 코딩 실습을 통해 코딩의 첫걸음을 뗐습니다. 이 과정에서 mBlock5의 기본 설정과 메뉴 구성을 이해하고 기본 코딩 개념을 학습했습니다. 실제로 활동이 잘 이루어졌는지 점검을 해보세요.

1 mBlock5 프로그램 설치

✓ 공식 홈페이지에서 mBlock5를 다운로드하고 안드로이드 및 iOS 기기에서 QR코드를 이용해 앱을 설치했습니다.

2 mBlock5 앱 기본 설정 및 로그인

✓ 앱을 열고 기본 설정을 완료한 후 이메일을 통해 회원 가입 및 로그인 절차를 진행했습니다.

3 mBlock5 앱 메뉴 탐험 및 연결

✓ 앱의 다양한 메뉴를 탐험하고 할로코드와의 연결 과정을 거쳤습니다.

4 코딩 화면 구성 및 블록 코딩 실습

✓ 스프라이트 영역, 블록 영역, 스크립트 영역 등 코딩 화면 구성을 살펴보고, 간단한 블록 코딩을 통해 프로그래밍을 완료했습니다.

5 코딩 프로그램 실습

✓ [녹색 깃발을 클릭했을 때] 및 [모든 LED를 빨강으로 켜기] 블록을 사용하여 간단한 프로그램을 만들고, 실행 결과를 확인했습니다.

이제 여러분은 mBlock5 앱의 설치와 사용법을 익혔으며 코딩에 대한 기본적인 이해를 얻었습니다. 자, 이제 본격적으로 마법 같은 코딩의 세계로 들어가 볼까요?

CHAPTER 3
RGB LED를 이용하여 신호등 만들기

학습목표
1. 할로코드의 LED의 기능을 이해합니다.
2. mBlock5 앱을 이용하여 LED를 제어할 수 있습니다.
3. 블록 코딩을 통해 다양한 색상을 표현할 수 있습니다.

> **모험 준비** 할로코드의 LED 기능 탐구 및 색상 표현 방법을 배웁니다.

① LED의 작동 원리 배우기

여러분은 이 단원에서 할로코드에 내장된 LED가 어떻게 작동하는지 배우게 됩니다. LED는 전기가 흐를 때 빛을 발산하는 장치이며, 특히 RGB LED는 빨강, 녹색, 파랑의 세 가지 색상을 조합해 다양한 색을 만들어 냅니다. 이를 통해 빛의 형성과 색상 혼합의 기본 원리를 이해할 수 있습니다.

② 디지털 기기와 실제 세계의 상호 작용 이해하기

여러분은 할로코드를 통해 디지털 기기가 실제 세계와 어떻게 상호 작용하는지 배웁니다. 코딩을 통해 LED를 제어하면서 입력한 디지털 명령이 실제로 LED의 빛을 어떻게 바꾸는지 직접 경험하게 됩니다. 이 과정은 디지털 신호가 물리적 현상으로 변환되는 방법을 이해하는 데 도움이 됩니다.

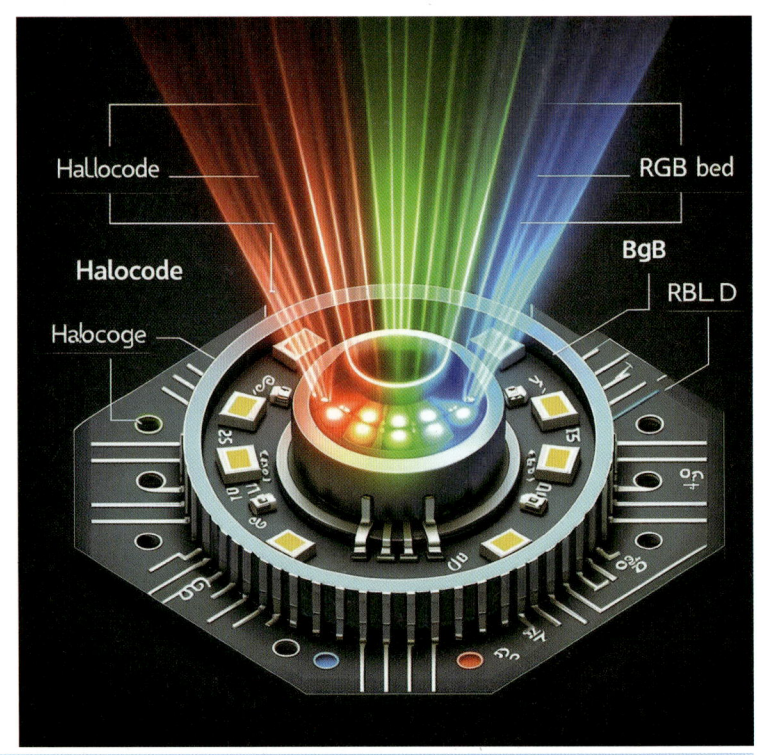

3 mBlock5 앱으로 LED 제어 실습하기

여러분은 mBlock5 앱을 사용하여 LED를 직접 제어하는 방법도 배웁니다. 이 앱을 통해 기본적인 코딩 명령을 사용하여 LED의 색상을 바꾸는 방법을 실습합니다. 예를 들어, LED를 빨간색, 녹색, 파란색으로 바꾸는 방법을 배우고, 이를 직접 시도해 볼 수 있습니다.

4 창의적 표현 실습 진행하기

여러분은 코딩 기술을 사용하여 창의적으로 다양한 표현을 할 수 있습니다. 다양한 색상을 조합하여 무지개 색상을 만드는 프로젝트를 진행하는 등의 활동을 통해 기술적 사고력과 창의력을 키울 수 있습니다.

이 챕터를 통해 여러분은 할로코드의 LED 기능에 대해 깊이 이해하고, 디지털 기기의 작동 원리 및 실제 세계와의 상호 작용을 배우며, 코딩을 통한 창의적인 표현 방법을 개발하는 기술을 습득하게 됩니다.

모험 과제

1 RGB LED 소개

1 기능과 구조 이해: 할로코드의 RGB LED의 구조와 기능을 알아보며, RGB LED가 어떻게 다양한 색상을 혼합하여 표현할 수 있는지를 이해합니다.

2 색상 표현 원리: RGB LED가 빨강, 녹색, 파란색의 조합을 통해 다양한 색상을 만들어 내는 색상 혼합 원리를 배웁니다.

2 mBlock5 앱과 RGB LED 제어

1 실습을 통한 학습: mBlock5 앱을 사용하여 RGB LED를 직접 제어해 보며, 학습한 내용을 실제로 적용해 봅니다.

2 예제 실습: RGB LED를 빨간색, 녹색, 파란색으로 차례대로 변경하는 예제를 통해 학생들이 직접 코딩을 해보며 이해를 깊게 합니다.

이렇게 모험 준비 부분을 좀 더 자세히 설명함으로써 학생들이 각 단계를 명확하게 이해하고, 학습 목표에 부합하는 경험을 할 수 있도록 합니다.

실습 예제 프로그램

① 이벤트 : 클릭했을 때 블록을 스크립트로 가져옵니다.

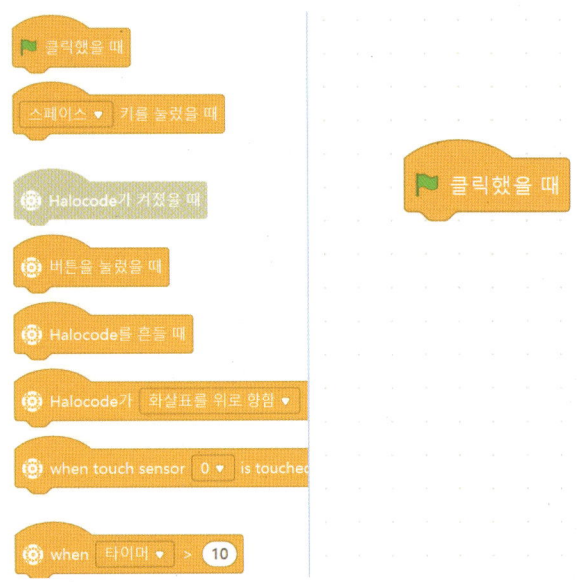

② 조명 : 모든 LED를 색상으로 켜기 블록을 끌어다가 클릭했을 때 블록 아래에 붙입니다.

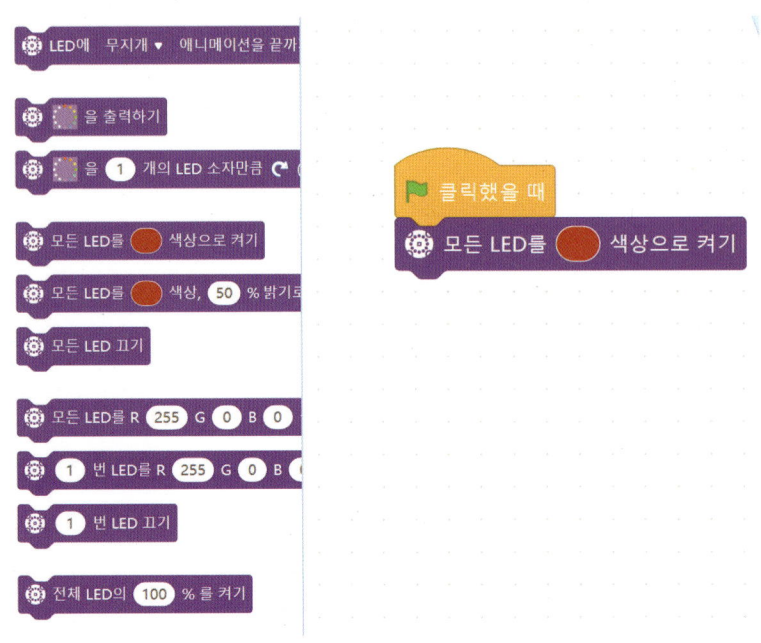

할로코드와 함께하는 코딩모험

③ 조명 : 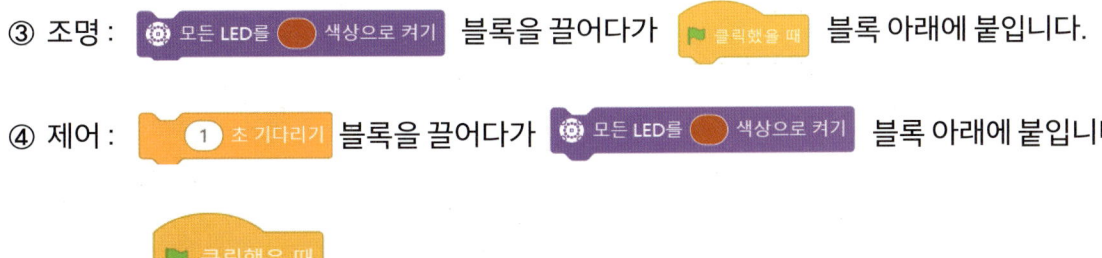 블록을 끌어다가 블록 아래에 붙입니다.

④ 제어 : 블록을 끌어다가 블록 아래에 붙입니다.

⑤ 조명 : 블록의 색상을 파란색으로 변경합니다.

⑥ 제어 : 블록을 끌어다가 블록 아래에 붙입니다.

위 작업을 반복해서 3개의 색상을 만들어 줍니다.

컬러를 선택하고 색상을 변경해 줍니다.

컬러별로 시간을 변경해서 신호등을 표현해 봅니다.

3 블록 코딩 실습

여러분의 코딩 여정에 색을 더할 시간입니다! 할로코드의 LED를 활용해 눈부신 애니메이션을 만들어 볼 수 있는 블록 코딩 실습을 시작해 봅시다. 이번 실습에서는 마우스를 사용해 블록을 끌어다 놓으며 RGB LED가 무지개의 색상을 연출하는 방법을 배웁니다.

실습 예제: 무지개 색상 만들기

1. 블록 코딩을 통해 LED의 애니메이션 색상을 제어해 봅니다.
2. 실습 예제: 블록 코딩을 통해 RGB LED로 무지개 색상을 표현해 보기

실습 예제 프로그램

① 이벤트에서 `클릭했을 때` 블록을 마우스로 드래그해서 가져옵니다.

② 무지개 불빛을 출력한 후 LED가 모두 꺼지도록 하려면 `모든 LED 끄기` 블록을 추가합니다.

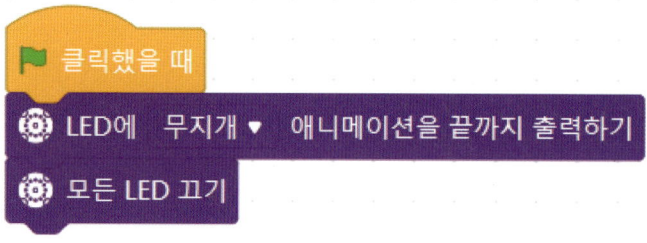

여러분은 이 과정을 통해 블록을 사용한 코딩의 기본을 이해하고, 할로코드의 LED로 아름다운 빛의 연속을 만들어 낼 수 있습니다.

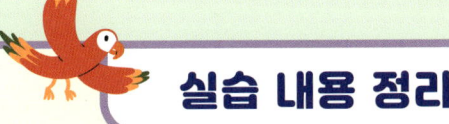

실습 내용 정리

할로코드와 mBlock5 앱을 활용하여 RGB LED를 사용한 신호등을 만드는 프로젝트를 수행했습니다. 이 프로젝트를 통해 여러분은 LED의 작동 원리를 이해하고 다양한 색상을 표현하는 방법을 배웠습니다. 실제로 활동이 잘 이루어졌는지 점검을 해보세요.

1. LED 기능과 원리 이해

- 할로코드에 내장된 RGB LED의 작동 원리를 배웠습니다. RGB LED는 빨강, 녹색, 파랑의 색상을 조합해 다양한 색을 만들어 냅니다.

2. mBlock5 앱을 통한 RGB LED 제어 실습

- mBlock5 앱을 사용하여 RGB LED를 빨간색, 녹색, 파란색으로 차례로 변경하는 실습을 진행했습니다.

3. 블록 코딩 실습

- 실습에서는 RGB LED를 사용하여 무지개 색상을 만드는 프로젝트를 구현했습니다.
- 이벤트 블록으로 시작하여, LED 색상을 변경하고 무지개 불빛을 출력한 후 LED를 껐습니다.

이 프로젝트를 통해 여러분은 코딩을 활용하여 할로코드의 LED로 다양한 색상을 표현하는 방법을 배우고, 기술적 사고력과 창의력을 키웠습니다. 이러한 활동은 코딩과 실제 세계의 상호작용을 이해하게 하는 좋은 기회가 됩니다.

탐색하기

1. RGB LED의 어떤 기능들을 알아보았는지 나열해 보세요.

2. 블록 코딩을 통해 어떤 프로그램을 만들어 보았는지 서술해 보세요.

3. 블록 코딩에서 가장 흥미로웠던 부분은 무엇이었는지 간단히 서술해 보세요.

CHAPTER 4
RGB LED의 애니메이션 출력하기

학습 목표
1. 할로코드의 RGB LED의 확장 기능을 이해합니다.
2. mBlock5 앱을 이용하여 애니메이션 블록을 제어할 수 있습니다.
3. 블록 코딩을 통해 애니메이션 블록으로 다양한 색상을 표현할 수 있습니다.

모험 준비

이번 챕터에서는 할로코드의 RGB LED 조명의 기능을 알아보며, 이를 제어하여 다양한 색상을 표현하는 방법을 배웁니다. 이를 통해 여러분은 디지털 기기가 실제 세계와 어떻게 상호 작용하는지 그리고 기본적인 코딩을 통해 어떻게 다양한 표현을 할 수 있는지 배우게 됩니다.

할로코드의 RGB LED 탐험하기

여러분은 이 단원에서 할로코드에 내장된 LED가 어떻게 작동하는지 배우게 됩니다. LED는 전기가 흐를 때 빛을 발산하는 장치이며, 특히 RGB LED는 빨강, 녹색, 파랑의 세 가지 색상을 조합해 다양한 색을 만들어 냅니다. 이를 통해 빛의 형성과 색상 혼합의 기본 원리를 이해할 수 있습니다.

1 할로코드의 RGB LED 소개

할로코드에 내장된 RGB LED는 작은 공간에 큰 마법을 펼치는 기능입니다. 이 기술의 핵심은 'RGB'라는 이름에 숨어 있습니다. R은 Red(빨강), G는 Green(녹색), B는 Blue(파랑)을 의미하며, 이 세 가지 색의 빛을 조합해 다양한 색상을 만들어 냅니다.
RGB LED는 각각의 색상에 해당하는 3개의 작은 LED가 내장되어 있습니다. 이 3개의 LED는 독립적으로 밝기를 조절할 수 있어서 각각의 색을 섞어 전체적으로 다양한 색상을 나타낼 수 있습니다.

2 다양한 색상 표현

RGB LED가 다양한 색상을 표현하는 원리는 '빛의 3원색 원리'에 기반합니다. 3원색 원리란 빨강, 녹색, 파랑의 세 가지 기본 색을 혼합하여 다른 색을 만들어 내는 것입니다. 예를 들어, 빨간색과 파란색 LED를 동시에 켜면 우리는 그 중간인 자주색을 볼 수 있습니다. 마찬가지로 빨간색과 녹색을 섞으면 노란색이, 녹색과 파란색을 섞으면 청록색이 나타납니다.

빛의 3원색

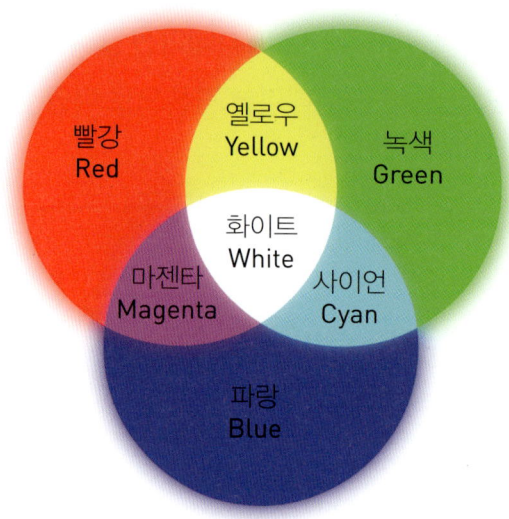

할로코드의 RGB LED는 각 LED의 밝기를 정밀하게 제어하여 부드러운 그라데이션부터 선명한 색깔 변화까지 광범위한 색상 스펙트럼을 생성할 수 있습니다. 코딩을 통해 이러한 밝기 조절을 프로그래밍함으로써 우리는 할로코드를 통해 마치 화가가 캔버스에 물감을 섞어 색을 만들어 내듯 무한한 색의 조합을 창조해 낼 수 있습니다.

② mBlock5 앱과 RGB LED 조명 제어

1 mBlock5 앱을 이용하여 조명을 제어해 봅니다.

2 예제: 블록을 차례대로 변경해 보기

실습 예제 프로그램

① 이벤트 : 　클릭했을 때　 블록을 스크립트로 가져옵니다.

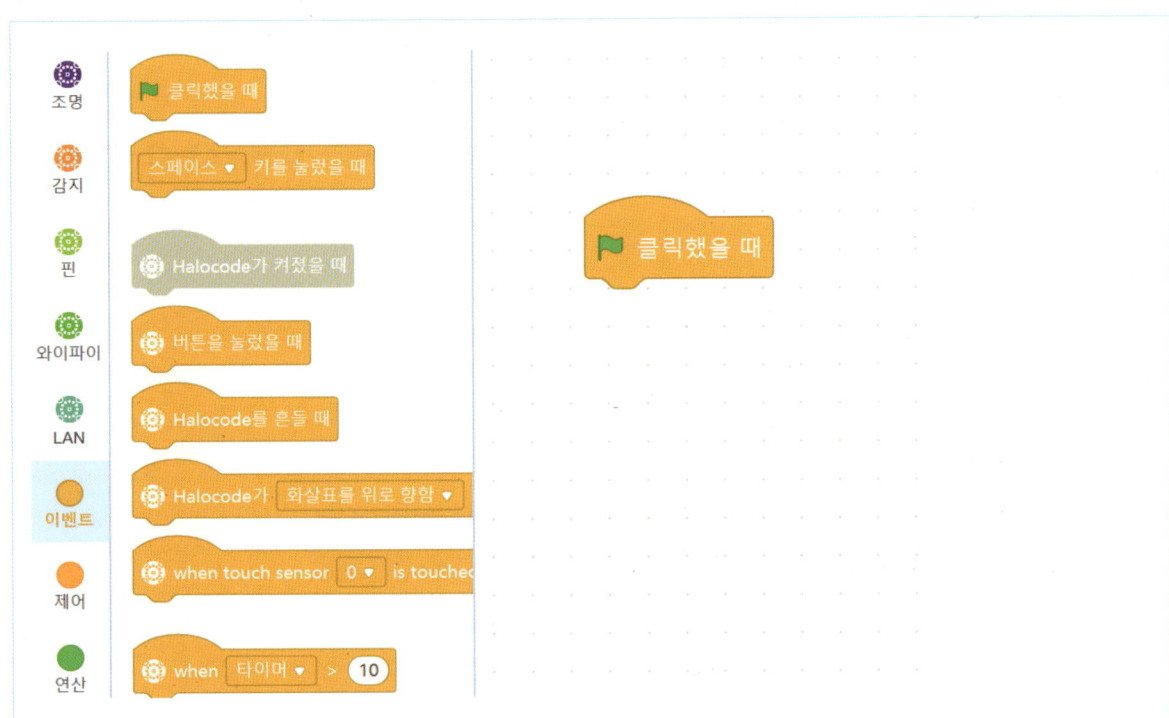

② 조명 : 　LED에 무지개 애니메이션을 끝까지 출력하기　 블록을 끌어다가 　클릭했을 때　 블록 아래에 붙입니다.

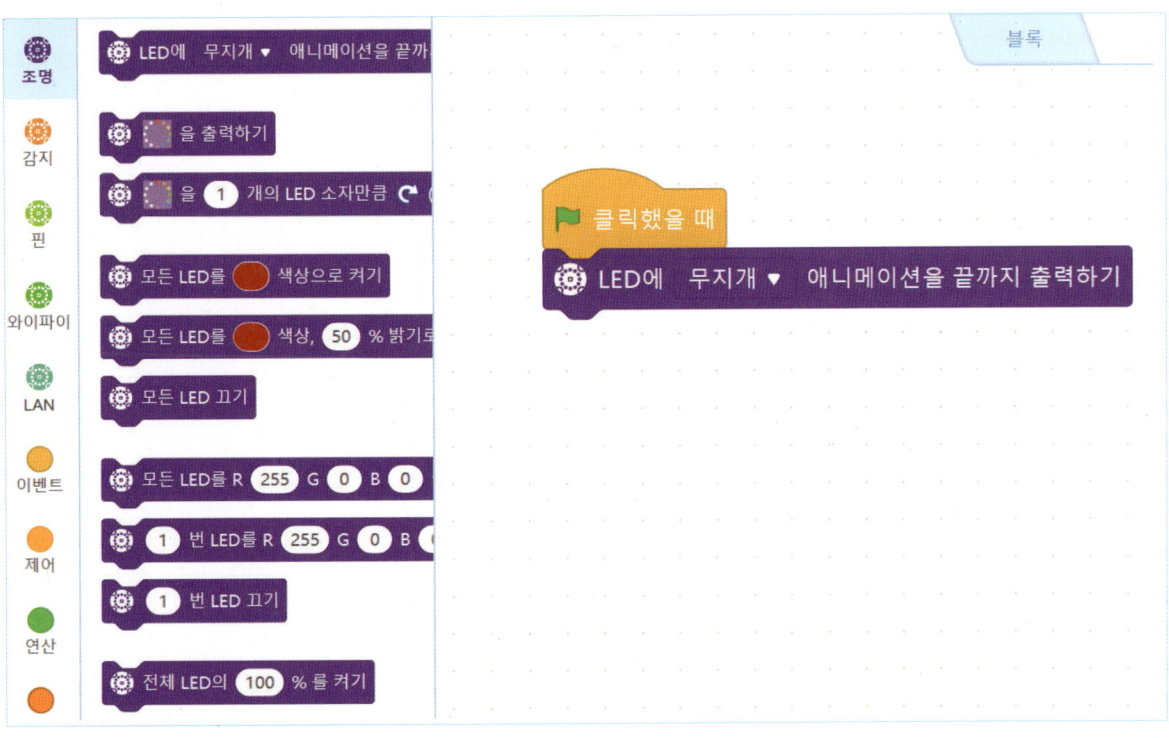

③ 블록 코딩 실습

1 블록 코딩을 통해 할로코드의 LED에 물보라 애니메이션을 만들어 봅니다.
2 예제: 블록 코딩을 통해 RGB LED로 별똥별(파랑) 색상 표현해 보기

실습 예제 프로그램

① 조명: `LED에 무지개▼ 애니메이션을 끝까지 출력하기` 블록에서 '물보라'를 선택합니다.

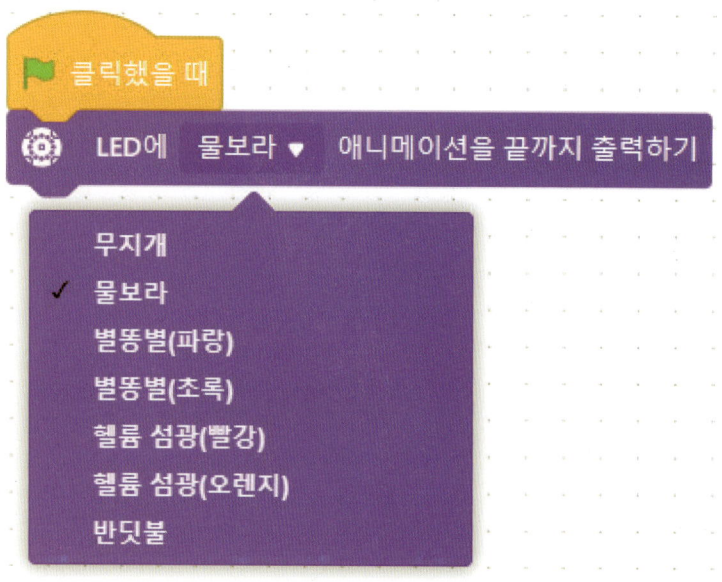

② 조명: `LED에 무지개▼ 애니메이션을 끝까지 출력하기` 블록에서 '별똥별(파랑)'을 선택합니다.

실습 내용 정리

mBlock5의 직관적인 드래그 앤 드롭 인터페이스는 복잡한 코드를 몰라도 강력한 마법을 손쉽게 사용할 수 있게 해주는 마법의 장입니다. 이를 활용하여 여러분은 할로코드의 RGB LED로 빛의 색을 바꾸고 순차적으로 색상이 변하는 애니메이션을 만들어 내는 기술을 익혔습니다. 실제로 활동이 잘 이루어졌는지 점검을 해보세요.

✅ 할로코드의 RGB LED가 단순히 빛을 발산하는 것 이상으로 눈부신 애니메이션을 연출할 수 있는 마법사임을 발견했습니다.

✅ mBlock5 앱을 통해 마법사의 지팡이를 휘두르듯 클릭 몇 번으로 RGB LED의 색상을 변화시키는 주문을 완성했습니다.

이 실습을 통해 여러분은 코딩의 마법을 이용하여 자신만의 색채를 창조하며 창의력과 문제해결 능력을 키웠습니다. 할로코드의 RGB LED 애니메이션 기능은 코딩이라는 모험에 화려함을 더해 주는 마법의 터치입니다.

탐색하기

1. RGB LED의 애니메이션 표현하기에서 어떤 기능들을 알아보았는지 나열해 보세요.

2. 블록 코딩을 통해 어떤 프로그램을 만들어 보았는지 서술해 보세요.

3. 블록 코딩에서 가장 흥미로웠던 부분은 무엇이었는지 간단히 서술해 보세요.

CHAPTER 5

12초 타이머 만들기

학습 목표
1. 타이머의 작동 원리를 이해합니다.
2. mBlock5 앱을 이용하여 타이머를 구현하는 프로젝트를 만들 수 있습니다.
3. 코딩을 통해 시간을 관리하고 문제를 해결하는 능력을 키웁니다.

모험 준비

이번 챕터에서는 할로코드와 mBlock5를 활용해 나만의 타이머를 만들어 봅시다. 타이머는 시간을 정확하게 측정하는 도구입니다. 우리는 코딩을 통해 자체 타이머를 만들어 낼 수 있습니다. 코딩에서 타이머를 구현하는 원리는 간단합니다. 우리가 프로그램에게 특정한 시간 간격을 세는 방법을 가르쳐 주는 것입니다.

할로코드와 mBlock5 앱을 사용한 타이머는 이러한 원리를 따릅니다. 우선, '시작' 이벤트로 타이머를 활성화시킵니다. 그다음 mBlock5 앱의 코딩 블록을 사용해 시간을 측정하도록 지시합니다. 타이머가 시작되면 프로그램은 내부적으로 '1초' 간격으로 숫자를 세거나 '틱' 소리를 내는 등의 방법으로 시간을 셉니다. 일정 시간이 지나면 프로그램은 설정된 시간에 도달했음을 알리고, 타이머를 멈추게 됩니다.

모험 과제

1 타이머 설계

어떻게 타이머를 만들 것인지 계획해 보겠습니다. 타이머가 0에 도달하면 어떤 일이 일어날지도 생각해 봅시다.

2 타이머 프로젝트 구현

1 mBlock5 앱을 이용해 타이머를 만들어 봅시다.
2 예제: 타이머가 0에 도달하면 LED가 깜박이는 프로젝트

3 코드 설명 및 실습

이 코드는 타이머를 12초로 설정하고 1초씩 줄어들게 만듭니다. 타이머가 0에 도달하면 LED를 깜박이게 합니다.

실습 예제 프로그램

① 이벤트 : [클릭했을 때] 블록을 가져옵니다.

② 조명 : [모든 LED 끄기] 블록을 가져옵니다.

③ 제어 : [12 번 반복하기] 블록을 가져옵니다.

④ 변수 : [변수 만들기] 블록을 사용하여 [타이머] 변수를 만듭니다.

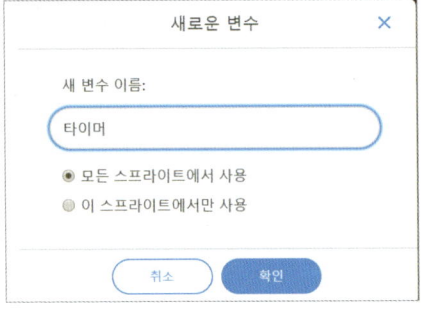

⑤ 변수 : 타이머의 값을 12로 설정합니다. [타이머▼ 을(를) 12 로(으로) 설정하기] 블록을 가져옵니다.

⑥ 조명 : [1 번 LED를 R 255 G 0 B 0 색상으로 켜기] 블록을 가져와서 첫 번째 칸에 붙여 넣습니다.

⑦ 변수 : [타이머] 블록을 가져와서 0으로 설정하기에 붙여 넣습니다.

⑧ 변수 : [타이머▼ 을(를) 1 만큼 변경하기] 블록에 값을 '-1'로 변경하고 가져옵니다.

⑨ 제어 : [1 초 기다리기] 블록을 가져옵니다.

⑩ 제어 : [12 번 반복하기] 블록을 가져옵니다.

⑪ 조명 : [모든 LED를 ● 색상으로 켜기] 블록을 가져옵니다.

⑫ 조명 : [모든 LED 끄기] 블록을 가져옵니다.

실습 내용 정리

할로코드와 mBlock5 앱을 활용하여 12초 타이머를 만드는 프로젝트를 수행했습니다. 이 프로젝트를 통해 여러분은 타이머의 작동 원리를 이해하고, 코딩을 통한 시간 관리 및 문제 해결 능력을 키웠습니다. 실제로 활동이 잘 이루어졌는지 점검을 해보세요.

1. 타이머 설계

- 타이머의 기본 원리를 이해하고, 0초에 도달했을 때 발생할 이벤트를 계획했습니다.

2. 타이머 프로젝트 구현

- mBlock5 앱을 사용하여, 타이머가 0초에 도달하면 LED가 깜박이는 프로젝트를 만들었습니다.

3. 코드 설명 및 실습

- [녹색 깃발을 클릭했을 때] 이벤트로 시작하여, [모든 LED 끄기] 블록을 사용하여 초기 LED 상태를 설정했습니다.
- [12번 반복하기] 블록과 [1초 기다리기] 블록을 사용하여 12초 동안 카운트다운을 진행했습니다.
- 타이머 변수를 설정하여, 매초마다 타이머 값을 1씩 감소시켰습니다.
- [12번 반복하기] 블록 실행이 끝나면 [모든 LED를 초록색으로 켜기] 및 [모든 LED 끄기] 블록을 사용하여 LED를 깜박이게 했습니다.

 ## 탐색하기

1. 타이머 개선 아이디어

타이머를 더 발전시켜 보세요. 다양한 시간에 따라 다른 반응을 보이게 하거나 추가 기능을 넣어 보세요.

2. 타이머 활용 아이디어

타이머를 어떻게 활용할 수 있을지 고민해 보세요. 일상에서 어떤 상황에 타이머를 사용할 수 있을까요?

3. 모험 기록

나만의 타이머를 만들면서 무엇을 배웠나요? 타이머를 만들며 어떤 재미있는 아이디어가 떠올랐나요?

CHAPTER 6 할로코드의 센서와 친해지기

학습 목표

1. 할로코드의 기본적인 센서 기능을 이해합니다.
2. mBlock5 앱을 이용하여 할로코드의 버튼을 눌러서 원하는 명령을 실행할 수 있습니다.
3. 블록 코딩을 통해 할로코드의 버튼을 눌러 LED를 제어할 수 있습니다.

모험 준비

이번 챕터에서는 할로코드의 센서 기능을 알아보며, 이를 mBlock5 앱과 연동하여 실제로 센서 값을 읽어 보고, 간단한 블록 코딩을 통해 센서를 활용하는 방법을 배웁니다. 이를 통해 여러분은 디지털 세계와 물리 세계 사이의 상호 작용을 이해하고, 블록 코딩을 통해 실제 센서를 제어하는 경험을 얻을 수 있습니다.

모험 과제

1 할로코드 센서 소개

할로코드에는 놀라운 센서들이 많이 있습니다. 그중에서 이번 챕터에서는 버튼과 터치 센서에 대해서 알아보겠습니다. 이 센서들은 우리가 할로코드와 소통할 수 있는 매직 키와 같습니다.

1 버튼 센서

버튼 센서는 간단히 말해서, 누르면 할로코드에게 "앗, 눌렀어!"라고 알려주는 센서입니다. 버튼을 누르면 할로코드는 우리가 프로그래밍한 대로 특별한 행동을 할 것입니다. 예를 들어, 버튼을 누르면 할로코드의 LED가 켜지게 할 수 있습니다. 이렇게 버튼 센서는 우리의 명령을 할로코드에게 전달하는 역할을 합니다.

2 터치 센서

터치 센서는 버튼 센서와 비슷하지만, 손가락으로 살짝 터치만 해도 반응합니다. 손가락으로 터치하면 할로코드에게 "앗, 터치했어!"라고 알려주는 것입니다. 터치 센서로도 할로코드의 LED를 켜거나 소리를 내게 할 수 있습니다. 터치 센서는 우리의 손길을 느껴서 할로코드에게 알려줍니다.

3 센서들 활용하기

버튼과 터치 센서는 간단하지만 매우 유용합니다. 이 센서들을 활용해서 할로코드가 우리의 명령에 어떻게 반응하는지 함께 알아보겠습니다.

이제 센서들을 통해 할로코드와 재미있게 소통해 보며, 다양한 프로젝트를 만들어 볼 준비를 해봅시다!

2 mBlock5 앱과 센서 값 읽기

1 mBlock5 앱을 이용하여 할로코드의 버튼을 눌렀을 때 실행되는 블록을 확인합니다.
2 예제: 버튼을 누를 때 명령을 실행하는 방법 확인하기

3 블록 코딩 실습

1 블록 코딩을 통해 버튼과 터치 센서를 활용해 봅니다.
2 예제: 버튼을 누르면 LED에 빨간 불이 들어오고, 0번 터치 센서를 터치하면 LED에 파란불이 들어오는 프로그램

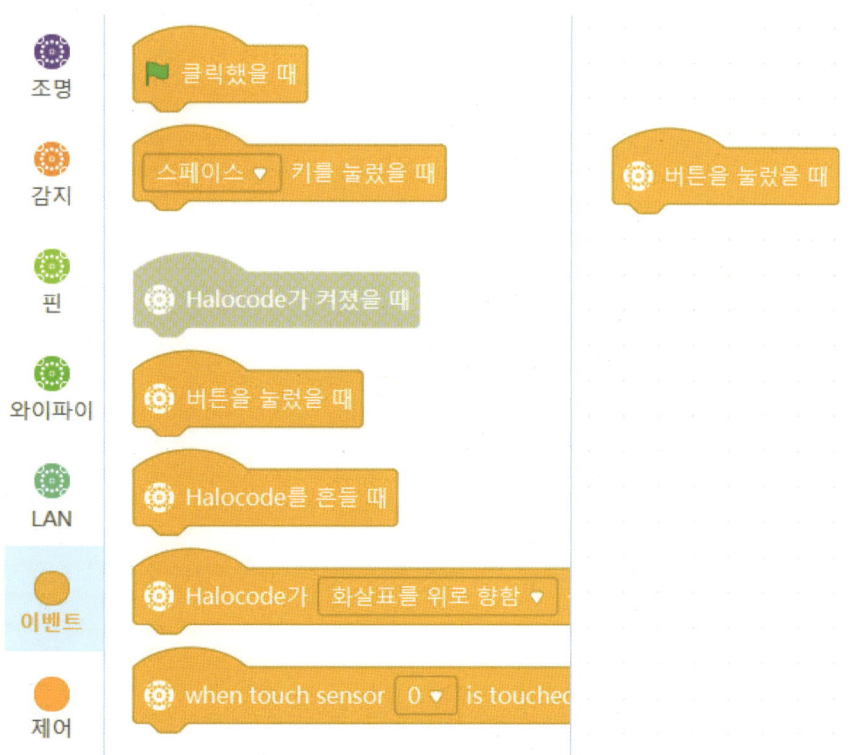

실습 예제 프로그램

① 이벤트 :  블록을 가져옵니다.

② 제어 :  블록을 가져와서 [클릭했을 때] 블록에 붙입니다.

③ 감지 :  블록을 조건 안에 넣어 줍니다.

④ 제어 : 조건 블록 안에  블록을 붙여 줍니다.

⑤ 실행 시 반복해서 체크할 수 있게 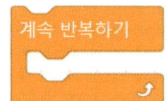 블록을 감싸서 붙여 줍니다.

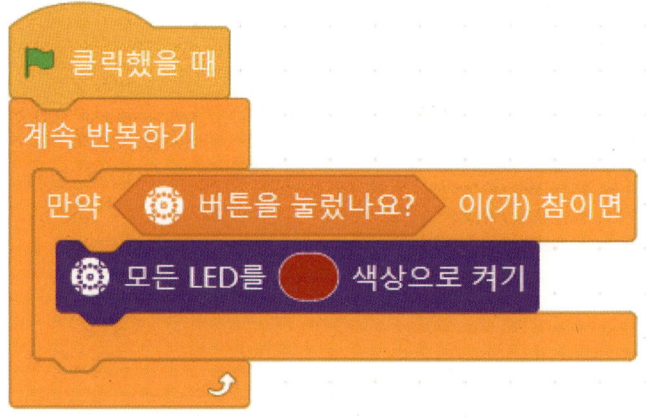

 을 눌러 결과를 확인해 봅니다.

실습 내용 정리

할로코드의 센서 기능을 이해하고, 이를 mBlock5 앱과 연동하여 실제로 센서 값을 읽어 보고, 간단한 블록 코딩을 통해 센서를 활용하는 방법을 배웠습니다. 실제로 활동이 잘 이루어졌는지 점검을 해보세요.

1. 할로코드 센서 소개

- 버튼 센서: 누르면 반응하는 센서로, 할로코드에게 명령을 전달합니다.
- 터치 센서: 손가락으로 살짝 터치하면 반응하는 센서로, 더 섬세한 반응을 제공합니다.
- 센서들을 활용하여 할로코드와 소통하는 방법을 배웠습니다.

2. mBlock5 앱과 센서 값 읽기

- mBlock5 앱을 사용하여 할로코드의 버튼을 눌렀을 때 실행되는 블록을 확인하고 실습했습니다.

3. 블록 코딩 실습

- 블록 코딩을 통해 버튼과 터치 센서를 활용한 프로그래밍을 진행했습니다.
- 예제로, 버튼을 누르면 LED가 빨간색으로, 터치 센서를 터치하면 파란색으로 빛이 나는 프로그램을 만들었습니다.

 **탐색하기**

1. 할로코드의 어떤 센서들을 알아보았는지 나열해 보세요.

2. 블록 코딩을 통해 어떤 프로그램을 만들어 보았는지 서술해 보세요.

3. 블록 코딩에서 가장 흥미로웠던 부분은 무엇이었는지 간단히 서술해 보세요.

CHAPTER 7 원자로 불빛 만들기

학습목표

1. mBlock5와 할로코드를 사용하여 간단한 원자로 불빛 시뮬레이션을 만들 수 있습니다.
2. 블록 코딩을 통해 기본적인 프로그래밍 개념과 이벤트 처리를 이해할 수 있습니다.
3. 창의적인 코딩 프로젝트를 통해 문제 해결 능력을 키우고, 시각적 표현력을 발전시킬 수 있습니다.

모험 준비

이번 챕터에서는 mBlock5와 할로코드를 사용하여 원자로 불빛을 만들어 볼 것입니다. 이 프로젝트를 통해, 기본적인 블록 코딩과 함께 시각적인 프로그래밍의 기초를 배울 수 있습니다. 또한, 자신만의 창의적인 불빛 디자인을 만들며 코딩의 재미를 경험할 수 있습니다.

원자로 불빛 프로젝트는 코딩을 통한 창의적인 표현의 기회를 제공합니다. mBlock5를 열고 할로코드와 함께 블록들을 조합해 보며, 이 흥미로운 시뮬레이션을 만들어 봅시다. 불빛은 어떻게 생성될까요? 색상과 모양은 어떻게 바꿀 수 있을까요? 이 모든 질문에 답하며, 코딩의 재미와 창의력을 발휘해 봅시다.

불빛이 활성화되는 순간, 여러분은 코딩의 마법 같은 세계에 빠져들게 됩니다. 이제, 코딩을 통해 창의력을 발휘하고, 시각적 표현력을 키우는 여정을 시작해 봅시다!

모험 과제

1 불빛 디자인

여러분은 자신만의 원자로 불빛 디자인을 계획합니다. 색상, 모양 등을 고려합니다.

2 원자로 불빛 프로젝트

mBlock5와 할로코드를 사용하여 불빛의 기본 구조를 설계합니다.

3 블록 코딩 실습

1 **모양**: 불빛의 모양과 색상을 결정하는 블록을 사용합니다.
2 **애니메이션**: 불빛이 회전하고 변화하는 애니메이션을 구현합니다.
3 **이벤트**: 사용자의 입력에 반응하여 불빛이 변하도록 합니다.
4 **코딩 미션**: 할로코드를 흔들면 다양한 색상 표현으로 불빛을 회전시켜서 원자로를 표현합니다. 버튼 센서를 누르면 원자로가 꺼집니다.

실습 예제 프로그램

① 이벤트 : `Halocode를 흔들 때` 블록을 가져옵니다.

② 변수 : 회전 변수를 만들어 줍니다.

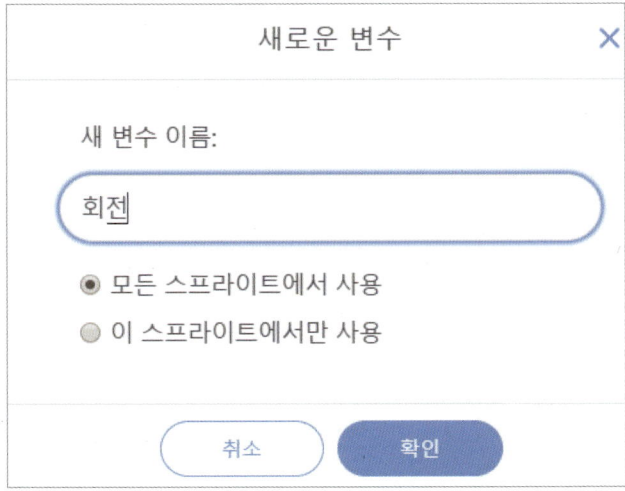

③ 변수 : `회전 ▼ 을(를) 0 로(으로) 설정하기` 블록을 가져옵니다.

④ 제어 : `계속 반복하기` 블록을 가져옵니다.

⑤ 조명 : `을 1 개의 LED 소자만큼 (시계방향)으로 회전시켜 출력하기` 블록을 가져옵니다. LED 원의 원하는 색을 선택하여 불빛을 만들어 줍니다.

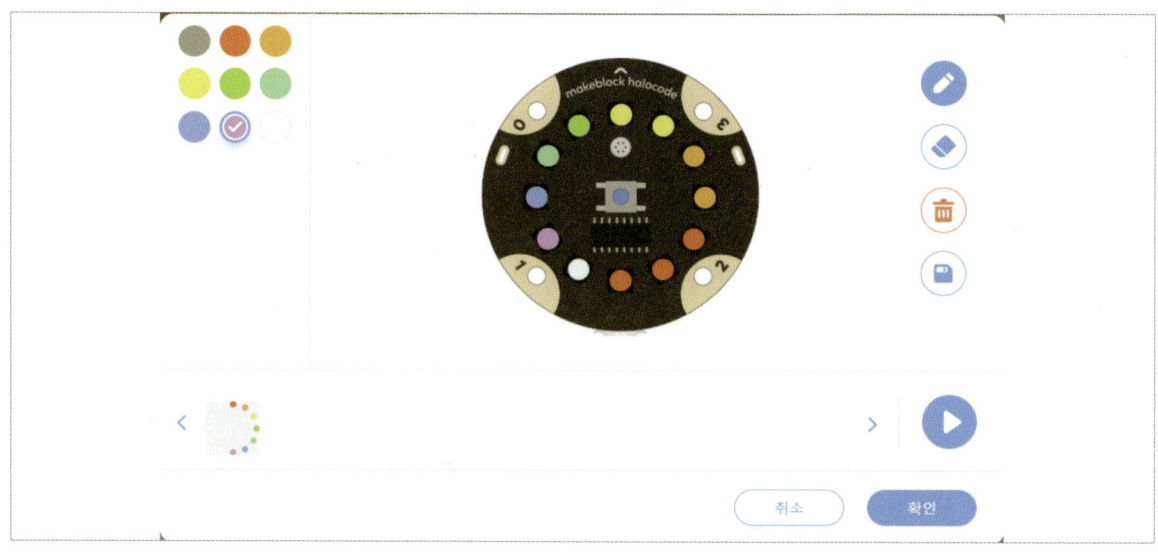

⑥ 변수 : [회전▼ 을(를) 1 만큼 변경하기] 블록을 가져옵니다.

⑦ 제어 : [만약 ◇ 이(가) 참이면] 블록을 가져옵니다.

⑧ 감지 : [버튼을 눌렀나요?] 블록을 조건에 넣어 줍니다.

⑨ 조명 : [모든 LED 끄기] 블록을 조건 블록 안에 넣어 줍니다.

⑩ 제어 : [정지 모두▼] 블록을 조건 블록 안에 넣어 줍니다.

완성된 프로그램

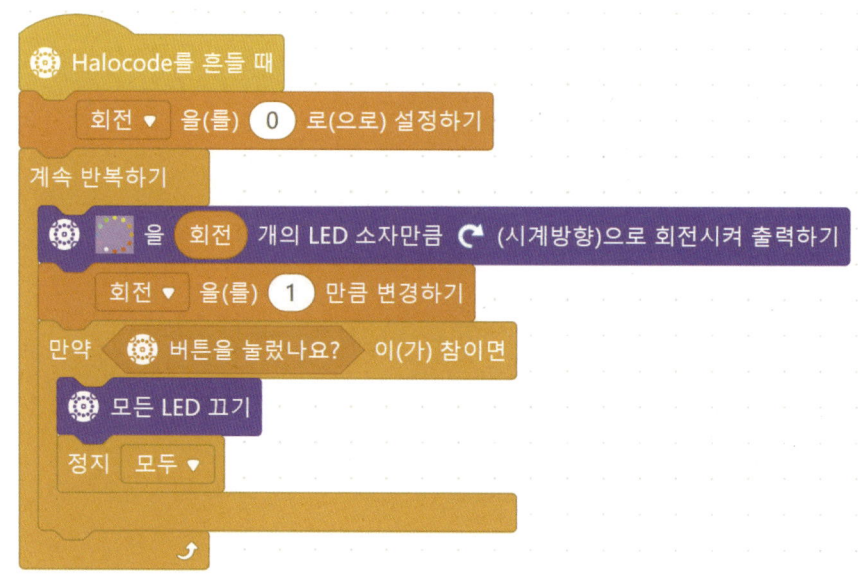

56 · 할로코드와 함께하는 코딩모험

실습 내용 정리

mBlock5와 할로코드를 사용하여 자신만의 원자로 불빛 시뮬레이션을 만들었습니다. 이 과정에서 기본적인 블록 코딩 기술, 이벤트 처리 방법 그리고 시각적 표현 기술을 배웠습니다. 실제로 활동이 잘 이루어졌는지 점검을 해보세요.

1. 불빛 디자인과 애니메이션 구현

- ✅ 다양한 색상, 크기, 모양의 LED 불빛을 활용하여 원자로의 불빛을 디자인했습니다.
- ✅ '모양'과 '애니메이션' 관련 블록을 사용하여 불빛이 회전하고 변화하는 효과를 만들었습니다.

2. 이벤트 기반 프로그래밍 실습

- ✅ 할로코드의 흔들림을 감지하는 이벤트를 설정하여 흔들림에 반응하는 불빛의 변화를 구현했습니다.
- ✅ 버튼 입력을 감지하는 조건을 설정하여 버튼을 누르면 원자로 불빛이 꺼지도록 프로그래밍했습니다.

3. 변수와 제어 블록의 활용

- ✅ [회전] 변수를 만들어 불빛의 회전을 제어했습니다.
- ✅ [계속 반복하기]와 [만약] 블록을 사용하여 불빛이 지속적으로 회전하다가 특정 조건에서 정지하도록 설정했습니다.

4. 프로젝트 완성과 테스트

- ✅ 완성된 프로그램을 실행하여 원자로 불빛이 의도한 대로 작동하는지 확인했습니다.
- ✅ 프로그램을 테스트하면서 발견한 문제점들을 해결하는 과정에서 문제 해결 능력을 키웠습니다.

탐색하기

1. 불빛 개선 아이디어

자신의 원자로 불빛을 더 발전시켜 보세요. 다양한 색상과 패턴을 추가해 보세요.

_____

_____

_____

2. 코딩과 시각적 표현

코딩을 통해 시각적 표현을 하는 것이 어떤 의미가 있을까요? 코딩과 예술의 관계에 대해 탐색해 보세요.

_____

_____

_____

3. 모험 기록

원자로 불빛 프로젝트를 통해 어떤 창의적인 아이디어가 떠올랐나요? 어떤 코딩 기술을 배웠나요?

_____

_____

_____

CHAPTER 8 캠프파이어 불 피우기

학습 목표
1. mBlock5 앱을 사용하여 간단한 캠프파이어를 모델링할 수 있습니다.
2. 블록 코딩을 활용하여 캠프파이어의 불꽃을 제어할 수 있습니다.
3. 창의적인 코딩 프로젝트를 통해 문제 해결 능력을 기를 수 있습니다.

모험 준비

우리가 이번에 만나게 될 모험은 바로 디지털 캠프파이어를 만드는 겁니다. mBlock5 앱과 할로코드의 마법을 빌려 화려한 불꽃을 펼쳐 보겠습니다. 이 프로젝트를 통해 불꽃의 크기와 색상을 어떻게 마음대로 바꿀 수 있는지 배워 보겠습니다. 그리고 이 모든 것을 해보면서 창의적인 코딩 프로젝트의 흥미로운 세계를 체험해 보겠습니다.

우리의 디지털 캠프파이어는 단순한 불꽃이 아닙니다. 이것은 코딩의 마법을 담은 신비로운 불꽃입니다. mBlock5 앱을 열어 할로코드와 함께 블록들을 쌓아 보며 이 마법의 불꽃을 만들어 봅시다. 불꽃의 크기를 크게 하려면 어떻게 해야 할까요? 불꽃의 색상을 바꾸려면 어떤 블록을 사용해야 할까요? 이 모든 질문의 답을 찾아가며 코딩의 재미를 느껴보기 바랍니다.

불꽃이 펼쳐지는 순간, 우리는 할로코드의 신비로운 세계에 빠져들게 됩니다. 이제, 코딩의 불꽃을 통해 창의력의 불꽃을 타오르게 하는 여정을 시작해 봅시다!

모험 과제

1 캠프파이어 디자인하기
여러분은 자신만의 캠프파이어를 디자인합니다. 어떤 모양과 색상의 불꽃을 만들 것인지 고민합니다.

2 캠프파이어 모델링 프로젝트
mBlock5 앱을 사용하여 캠프파이어의 모델링을 시작합니다. 블록 코딩으로 불꽃의 색상을 제어할 계획을 세웁니다.

3 블록 코딩 실습
mBlock5 앱의 블록 코딩을 활용하여 캠프파이어의 불꽃을 제어해 봅니다.

실습 예제 프로그램

① 이벤트 : 클릭했을 때 블록을 가져옵니다.

② 조명 : 모든 LED 끄기 블록을 가져와서 조건 블록 아래에 붙여 줍니다.

③ 제어 : 계속 반복하기 블록을 가져옵니다.

④ 변수 : 변수 만들기 블록을 사용하여 [움직임] 변수를 생성합니다.

⑤ 변수 : 움직임 을(를) 0 로(으로) 설정하기 블록을 가져옵니다.

⑥ 감지 : 흔들림 세기 블록을 가져와서 0에 붙여 넣습니다.

⑦ 제어 : 만약 ~이(가) 참이면 아니면 블록을 가져옵니다.

⑧ 연산 : ◯ > 1 을 가져와서 아니면 블록에 붙여 넣어 줍니다.

⑨ 변수 : 움직임 블록을 가져와서 연산 블록에 붙여 넣어 줍니다.

⑩ 제어 : 10번 반복하기 블록을 가져옵니다.

⑪ 조명 : 을 1개의 LED 소자만큼 (시계방향)으로 회전시켜 출력하기 블록을 가져옵니다. 를 눌러 불빛 표현을 설정합니다.

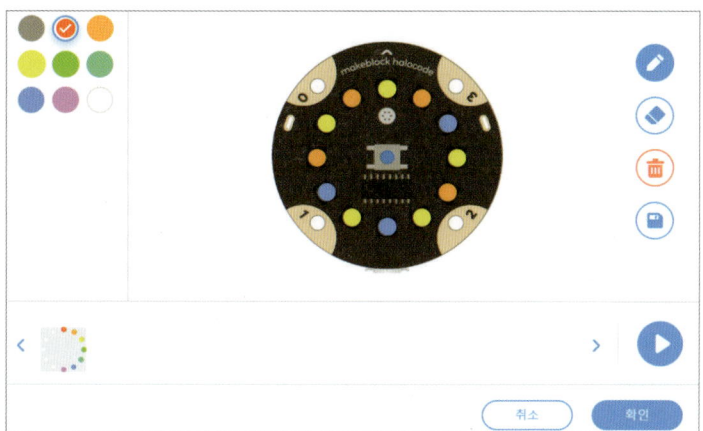

⑫ 연산 : 1 부터 5 사이 임의의 수 블록을 가져와서 조명 블록에 붙여 넣어 줍니다.

⑬ 조명 : 모든 LED 끄기 블록을 가져와서 조건 블록 '아니면'에 붙여 넣어 줍니다.

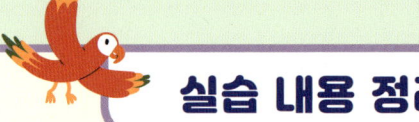

실습 내용 정리

mBlock5 앱과 할로코드를 사용하여 디지털 캠프파이어 프로젝트를 만들었습니다. 이 과정에서 블록 코딩을 통해 캠프파이어의 불꽃을 모델링하고 제어하는 방법을 배웠습니다. 실제로 활동이 잘 이루어졌는지 점검을 해보세요.

1. 캠프파이어 디자인하기

☑ 우리는 자신만의 캠프파이어 디자인을 계획했습니다. 불꽃의 모양과 색상을 고민하며 창의적인 아이디어를 구상했습니다.

2. 캠프파이어 모델링 프로젝트

☑ mBlock5 앱을 사용하여 캠프파이어의 모델링을 시작했습니다. 불꽃의 색상을 제어하는 블록 코딩 계획을 세웠습니다.

3. 블록 코딩 실습

☑ [녹색 깃발을 클릭했을 때] 이벤트로 시작하여, [계속 반복하기] 및 [변수 만들기] 블록을 사용하여 캠프파이어 불꽃을 구현했습니다.

☑ [움직임을 0으로 설정하기] 및 [만약] 조건 블록을 통해 불꽃의 움직임을 제어했습니다.

☑ 불꽃의 색상과 크기를 조절하는 데 필요한 변수와 조건을 설정했습니다.

☑ [모든 LED 끄기] 블록을 사용하여 불꽃이 꺼지는 조건을 추가했습니다.

탐색하기

1. 캠프파이어 개선 아이디어

자신의 캠프파이어를 더 발전시켜 보세요. 더 다양한 색상의 불꽃을 만들거나 불꽃의 모양과 크기를 바꿔 보세요.

2. 캠프파이어와 안전

캠프파이어를 하려면 어떤 안전 사항을 고려해야 하는지 조사해 보세요. 실제 캠프파이어에서 불을 피울 때의 안전 조치에 대해 알아보세요.

3. 모험 기록

캠프파이어 모델링 프로젝트를 통해 어떤 창의적인 아이디어가 떠올랐나요? 캠프파이어 디자인을 통해 어떤 것을 배웠나요?

CHAPTER 9

터치 센서로 조명 색깔 변경하기

학습 목표
1. 터치 센서의 기능을 이해합니다.
2. mBlock5 앱을 이용하여 터치 센서를 제어할 수 있습니다.
3. 터치 센서로 LED를 제어하는 프로젝트를 만들 수 있습니다.

모험 준비

터치 센서는 우리의 손가락 터치를 감지하여 다양한 반응을 만들어 낼 수 있는 강력한 도구입니다. 이번 시간에는 터치 센서 블록을 소개하고, mBlock5 앱을 이용하여 터치 센서로 LED를 제어하는 프로젝트를 만들어 봅니다.

모험 과제

1 터치 센서 블록 소개

터치 센서의 기능과 사용 방법을 소개합니다.

2 터치 센서로 LED 제어하기

1 mBlock5 앱을 이용하여 터치 센서로 RGB LED를 제어하는 코드를 작성합니다.
2 예제: 터치 센서를 이용하여 RGB LED 색상 변경하기

3 코드 설명 및 실습

mBlock5 앱의 터치 센서를 제어하여 원하는 LED 색상을 만들어 봅니다.

실습 예제 프로그램

① 제어 :  블록을 가져옵니다.

② 제어 : 실행 시 반복해서 체크할 수 있게  블록을 붙여 줍니다.

③ 제어 :  블록을 가져와서  블록 안에 넣어 줍니다.

④ 감지 :  블록을 가져와서 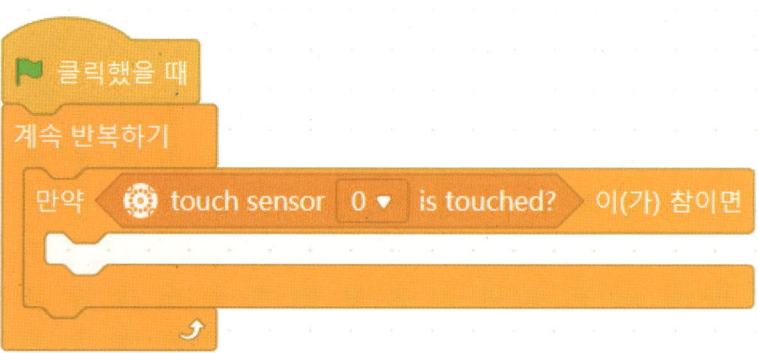 블록 조건 안에 붙여 넣습니다. 센서 번호를 '0'으로 바꿔 줍니다.

⑤ 조명 : 조건 블록 안에 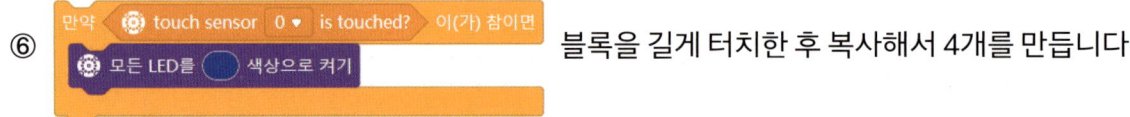 블록을 붙여 넣고, 색상을 파란색으로 변경합니다.

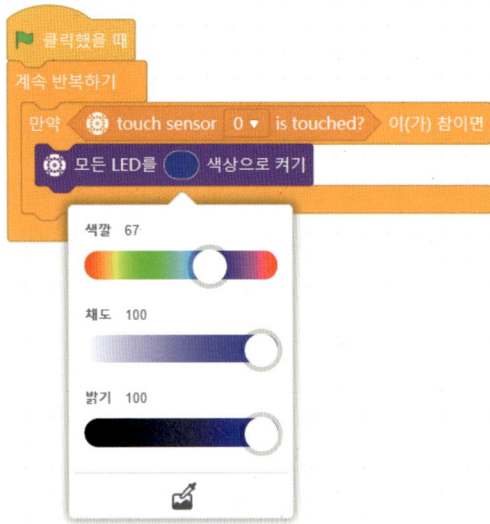

실행 결과를 확인해 봅니다.

⑥ 블록을 길게 터치한 후 복사해서 4개를 만듭니다.

각각의 센서 번호를 0,1,2,3으로 지정해 주고, LED 색상을 빨강, 파랑, 노랑, 초록으로 변경합니다.

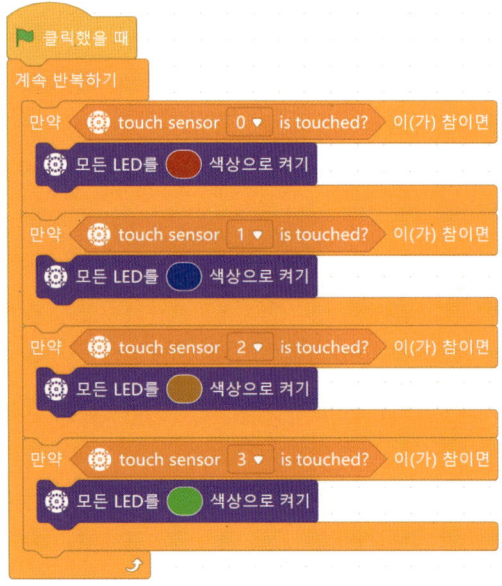

을 눌러 결과를 확인해 봅니다.

• 할로코드와 함께하는 코딩모험

실습 내용 정리

이번 실습에서는 터치 센서의 기능을 이해하고 mBlock5 앱을 활용하여 터치 센서를 제어하는 방법을 배웠습니다. 또한 터치 센서를 사용하여 LED의 색상을 변경하는 프로젝트를 만들었습니다. 실제로 활동이 잘 이루어졌는지 점검을 해보세요.

1. 터치 센서 블록 소개

- ✓ 터치 센서의 기능과 사용 방법에 대해 알게 되었습니다.

2. 터치 센서로 LED 제어하기

- ✓ mBlock5 앱을 이용하여 터치 센서로 RGB LED를 제어하는 코드를 작성했습니다.
- ✓ 예제로, 터치 센서를 이용하여 RGB LED의 색상을 변경하는 방법을 실습했습니다.

3. 코드 설명 및 실습

- ✓ [계속 반복하기] 및 [만약] 블록을 사용하여 터치 센서로 LED 색상을 변경하는 코드를 작성했습니다.
- ✓ 각각의 터치 센서 번호(0, 1, 2, 3)에 따라 다른 색상(빨강, 파랑, 노랑, 초록)의 LED를 켜는 조건을 설정했습니다.
- ✓ [녹색 깃발을 클릭했을 때] 블록으로 코드를 실행하고, 결과를 확인했습니다.

탐색하기

1. 터치 센서 활용하기

터치 센서를 이용하여 새로운 프로젝트를 기획해 보세요. 예를 들어, 터치 센서를 이용하여 간단한 리듬 게임을 만들어 볼 수 있을까요?

---

2. 코드 변형하기

오늘 작성한 코드를 변형하여 터치 센서를 이용한 다른 프로젝트를 만들어 보세요. 변형한 코드의 동작이 어떻게 달라졌는지 기록해 보세요.

---

3. 모험 기록

오늘의 모험 과제에서 가장 어려웠던 부분과 가장 쉬웠던 부분은 무엇이었나요? 그 이유는 무엇이라고 생각하나요?

CHAPTER 10

버튼의 마법
- 간단한 게임 만들기

학습 목표
1. 버튼 블록의 사용법을 이해합니다.
2. mBlock5 앱을 이용하여 버튼을 활용하여 간단한 게임을 만들 수 있습니다.
3. 코딩을 통해 게임 로직을 구현하는 경험을 합니다.

모험 준비

이번 챕터에서는 버튼 블록을 활용하여 간단한 게임을 만들어 봅니다. 버튼은 사용자와의 상호 작용을 가능하게 하는 중요한 요소 중 하나입니다. 코딩을 통해 게임을 만들어 보며 코딩의 재미를 느낄 수 있습니다.

모험 과제

1 버튼 블록 소개
버튼 블록의 기능과 사용법을 소개합니다.

2 간단한 게임 만들기
1. mBlock5 앱을 이용하여 버튼을 활용하여 간단한 게임을 만듭니다.
2. 예제: 버튼을 누르면 LED가 켜지고 꺼지는 게임 만들기

3 코드 설명 및 실습
1. 만든 게임의 코드를 설명하고, 학생들에게 실습 시간을 제공합니다.
2. 조건 블록을 추가합니다.

실습 예제 프로그램

① ▶ 클릭했을 때 블록을 가져옵니다.

② 제어 : 실행 시 반복해서 체크할 수 있게  블록을 붙여 줍니다.

③ 제어 :  블록을 가져와서  블록 안에 넣어 줍니다.

④ 감지 :  블록을 가져와서 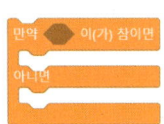 블록 조건 안에 붙여 넣습니다.

⑤ 조명 : 조건 블록 안에 모든 LED를 색상으로 켜기 블록을 붙여 넣습니다.

아니면 블록 안의 LED 색상을 검정으로 변경합니다.

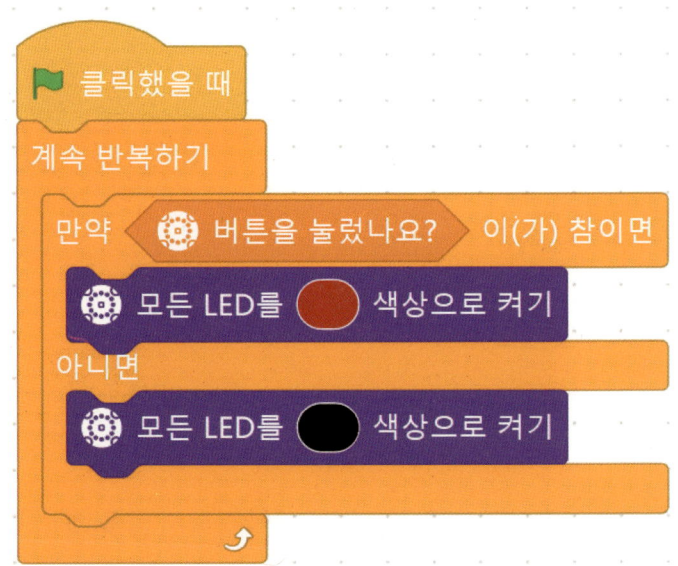

🏁 을 눌러 결과를 확인해 봅니다.

실습 내용 정리

이번 실습에서는 버튼 블록을 활용하여 간단한 게임을 만드는 방법을 배웠습니다. 이 과정을 통해 버튼 블록의 사용법을 이해하고, mBlock5 앱을 사용하여 게임 로직을 구현하는 경험을 했습니다. 실제로 활동이 잘 이루어졌는지 점검을 해보세요.

1. 버튼 블록 소개

☑ 버튼 블록의 기능과 사용법에 대해 알게 되었습니다.

2. 간단한 게임 만들기

☑ mBlock5 앱을 사용하여 버튼을 활용한 간단한 게임을 만들었습니다.

☑ 예제 게임: 버튼을 누르면 LED가 켜지고 꺼지는 게임을 구현했습니다.

3. 코드 설명 및 실습

☑ [계속 반복하기] 블록을 사용하여 버튼의 상태를 지속적으로 체크했습니다.

☑ [만약] 조건 블록과 함께 [버튼을 눌렀나요?] 감지 블록을 사용하여 버튼이 눌렸을 때의 동작을 구현했습니다.

☑ [LED 켜기]와 [LED 끄기] 조명 블록을 사용하여 버튼을 눌렀을 때와 그렇지 않을 때 LED의 상태를 제어했습니다.

☑ [녹색 깃발을 클릭했을 때] 블록으로 게임을 시작하고, 결과를 확인했습니다.

 **탐색하기**

1. 게임 변형하기

만든 게임을 변형하여 다른 유형의 게임을 만들어 보세요. 예를 들어, 버튼을 연속으로 누르는 리듬 게임 등을 시도해 볼 수 있을까요?

2. 게임 로직 수정하기

만든 게임의 로직을 수정하거나 더 복잡하게 만들어 보세요. 예를 들어, 버튼을 연속해서 누를 때 점수가 올라가는 게임을 만들어 보세요.

3. 모험 기록

오늘의 모험 과제와 탐색하기에서 어떤 경험을 얻었나요? 새로운 게임을 만들면서 무엇을 배웠나요?

CHAPTER 11 버튼과 터치로 암호 시스템 만들기

학습 목표
1. mBlock5 앱과 할로코드의 버튼, 터치 센서를 이용하여 기본적인 암호 시스템을 설계하고 구현할 수 있습니다.
2. 블록 코딩을 활용하여 암호의 정확성을 확인하는 로직을 이해하고 적용할 수 있습니다.
3. 코딩을 통해 논리적 사고와 문제 해결 능력을 기릅니다.

모험 준비

이번 챕터에서는 할로코드의 버튼과 터치 센서를 활용하여 신비한 암호 시스템을 만들어 봅니다. 이 암호 시스템은 특정 순서로 버튼과 터치 센서를 조작해야만 LED가 켜지는 마법 같은 시스템이에요. 암호를 맞추면 LED가 빛나고, 틀리면 꺼지는 신기한 암호 시스템을 만들어 볼까요?

모험 과제

1 암호 시스템 설계
1. 암호 시스템의 기본 원리를 이해합니다.
2. 어떤 순서로 버튼과 터치 센서를 조작해야 LED가 켜질지 설계합니다.

2 암호 시스템 구현
1. mBlock5 앱을 사용하여 설계한 암호 시스템을 구현합니다. 블록 코딩으로 버튼과 터치 센서의 조작 순서에 따라 LED가 켜지거나 꺼지는 로직을 작성합니다.
2. 예제: 버튼을 누르고 터치 센서를 순서대로 터치하면 LED 색이 바뀌는 암호 시스템

3 코드 설명 및 실습
암호 시스템의 코드를 설계하고, 직접 암호 시스템을 만들어 봅니다.

실습 예제 프로그램

① 이벤트 : 클릭했을 때 블록을 가져옵니다.

② 조명 : 모든 LED 끄기 블록을 가져옵니다.

③ 제어 :  블록을 가져옵니다.

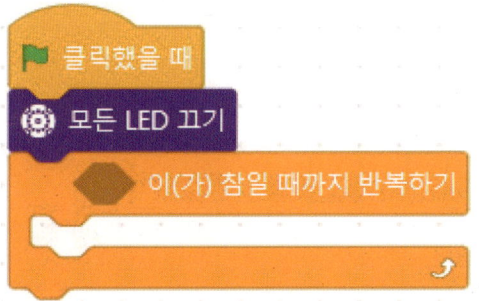

④ 감지 : 버튼을 눌렀나요? 블록을 가져와서 이(가) 참일 때까지 반복하기 블록의 조건에 붙여 넣습니다.

⑤ 조명 : 모든 LED를 색상으로 켜기 블록을 가져와서 이(가) 참일 때까지 반복하기 블록의 조건에 붙여 넣습니다.

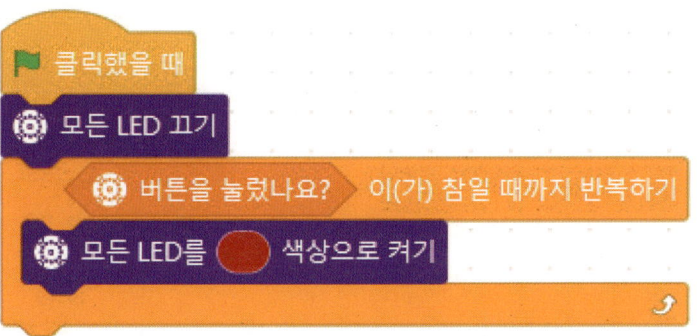

⑥ 제어 : ![블록] 블록을 가져옵니다.

⑦ 감지 : ![touch sensor 0 is touched?] 블록을 가져와서 ![이(가) 참일 때까지 기다리기] 블록의 조건에 붙여 넣습니다.

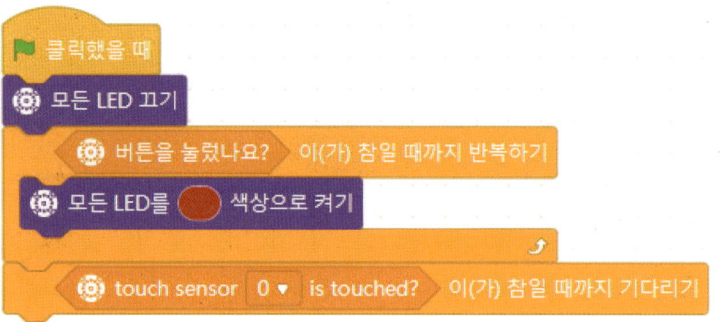

⑧ 조명 : ![모든 LED를 색상으로 켜기] 블록을 가져옵니다.

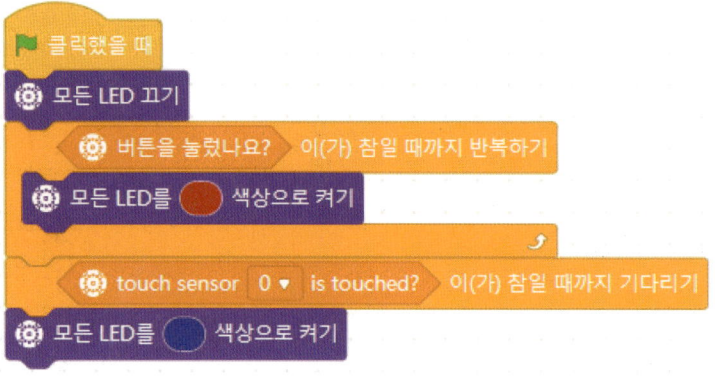

⑨ 감지 : ![touch sensor 1 is touched?] 블록을 가져와서 ![이(가) 참일 때까지 기다리기] 블록의 조건에 붙여 넣습니다.

⑩ 조명 : 모든 LED를 색상으로 켜기 블록을 가져옵니다.

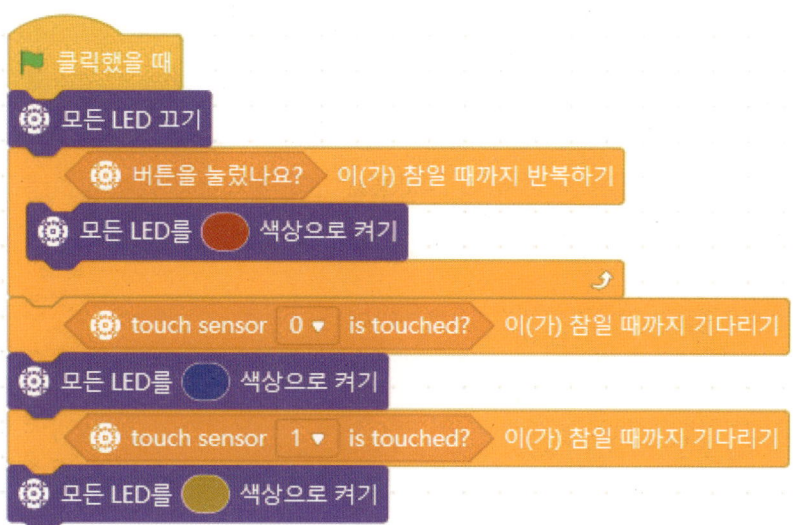

⑪ 제어 : 1 초 기다리기 블록을 가져옵니다.

⑫ 조명 : 모든 LED 끄기 블록을 가져와서 조건 블록 아래에 붙여 줍니다.

완성된 프로그램

실습 내용 정리

mBlock5 앱과 할로코드의 버튼, 터치 센서를 이용하여 기본적인 암호 시스템을 설계하고 구현하는 프로젝트를 수행했습니다. 이 프로젝트를 통해 여러분은 블록 코딩을 활용하여 암호의 정확성을 확인하는 로직을 이해하고 적용하는 능력을 개발했습니다. 실제로 활동이 잘 이루어졌는지 점검을 해보세요.

1. 암호 시스템 설계

✅ 암호 시스템의 기본 원리를 이해하고, 어떤 순서로 버튼과 터치 센서를 조작해야 LED가 켜지는지 설계했습니다.

2. 암호 시스템 구현

✅ mBlock5 앱을 사용하여 설계한 암호 시스템을 구현했습니다. 버튼을 누르고 터치 센서를 순서대로 터치하면 LED 색상이 바뀌는 암호 시스템을 블록 코딩으로 작성했습니다.

3. 코드 설명 및 실습

✅ [깃발을 클릭했을 때] 블록으로 시작하여 [모든 LED 끄기] 블록을 사용하여 초기 LED 상태를 설정했습니다.

✅ 버튼이 눌릴 때까지 반복하는 [조건이 참일 때까지 반복하기] 블록을 사용하고, 버튼이 눌리면 [모든 LED를 빨강 색상으로 켜기]를 실행했습니다.

✅ 터치 센서가 터치될 때까지 기다리는 [조건이 참일 때까지 기다리기] 블록을 추가하고, 조건이 충족되면 [모든 LED를 파랑 색상으로 켜기]로 색상을 변경했습니다.

✅ 후속 조건을 위해 추가적인 터치 센서 확인과 LED 색상 변경 블록을 연속적으로 사용했습니다.

✅ 최종적으로 [1초 기다리기] 후에 [모든 LED 끄기] 블록을 사용하여 LED를 끄는 로직을 구현했습니다.

탐색하기

1. 암호 시스템 개선

암호 시스템에 다양한 기능을 추가해 보세요. 예를 들어, 암호가 틀리면 고음이 나도록 하는 등 다양한 암호를 설정할 수 있도록 해보세요.

_____

_____

_____

2. 암호의 복잡성

더 복잡한 암호 시스템을 설계해 보세요. 여러 버튼과 센서를 활용하여 암호의 복잡성을 높여 볼 수 있습니다.

_____

_____

_____

3. 모험 기록

암호 시스템을 만들면서 무엇을 배웠는지, 암호 시스템을 만들며 떠올린 창의적인 아이디어가 무엇인지 공유해 보세요.

_____

_____

CHAPTER 12 모션 센서로 움직임을 감지하는 알람 시스템 만들기

학습 목표
1. 모션 센서의 작동 원리를 이해합니다.
2. mBlock5 앱을 이용하여 모션 센서를 활용하여 간단한 알람 시스템을 만들 수 있습니다.
3. 코딩을 통해 움직임 감지와 반응을 프로그래밍하는 경험을 합니다.

모험 준비

이번 챕터에서는 모션 센서를 사용하여 간단한 알림 시스템을 만들어 봅니다. 모션 센서는 주변의 움직임을 감지하는 센서로, 이를 활용하여 움직임이 감지되면 LED를 켜거나 소리를 내는 등 다양한 동작을 할 수 있습니다.

모험 과제

1 모션 센서 블록

모션 센서의 작동 원리와 사용 방법을 알아봅니다.
모션 센서는 움직임을 감지하는 장치입니다. 할로코드에는 이 움직임을 알아내는 두 가지 특별한 센서가 있습니다. 그것들은 '자이로스코프'와 '가속도계'입니다. 이 두 센서를 간단하게 알아볼까요?

1 자이로스코프: 회전을 감지하는 센서

자이로스코프는 할로코드가 어느 방향으로 회전하는지 알려줍니다. 예를 들면, 할로코드를 왼쪽으로 돌리면 "아! 왼쪽으로 돌렸구나!"라고 알려주는 기능입니다.

2 가속도계: 기울기와 움직임을 감지하는 센서

가속도계는 할로코드가 어느 방향으로 기울어졌는지 또는 어떻게 움직였는지 알려줍니다. 예를 들면, 할로코드를 앞으로 기울이면 "아! 앞으로 기울였구나!"라고 알려주는 기능입니다.

이 2개의 센서를 활용하면 할로코드가 어떻게 움직이는지 알 수 있습니다. 예를 들어, 할로코드를 흔들어 빛이 나도록 만들거나 특정 방향으로 돌리면 소리가 나도록 프로그래밍할 수 있습니다. 할로코드에서 움직임을 알려주는 것으로 '자이로스코프'와 '가속도계'가 있습니다. 이 두 기능 덕분에 할로코드가 어떻게 움직이는지 정확하게 알 수 있습니다.

② 모션 센서로 알림 시스템 만들기

1 mBlock5 앱을 이용하여 할로코드의 모션 센서를 활용한 간단한 알림 시스템을 만들어 봅니다.
2 예제: 모션 센서가 움직임을 감지하면 LED를 켜고 끄는 알림 시스템

③ 코드 설명 및 실습

모션 센서를 이용하여 알람 시스템의 코드를 작성합니다.

실습 예제 프로그램

① 이벤트 :  블록을 가져옵니다.

② 제어 : 실행 시 반복해서 체크할 수 있게  블록을 붙여 줍니다.

③ 제어 :  블록을 가져와서  블록 안에 넣어 줍니다.

④ 감지 : `Halocode tilt left ?` 블록을 가져와서  블록 조건 안에 붙여 넣습니다.

⑤ 조명 : 조건 블록 안에 `모든 LED를 ● 색상으로 켜기` 블록을 붙여 넣고, 색상을 파란색으로 변경합니다.

⑥ 조명 : `모든 LED 끄기` 블록을 가져와서 조건 블록 아래에 붙여 줍니다.

을 눌러 결과를 확인해 봅니다.

• 할로코드와 함께하는 코딩모험

실습 내용 정리

mBlock5 앱과 할로코드의 모션 센서를 사용하여 간단한 알람 시스템을 만드는 프로젝트를 수행했습니다. 이 프로젝트를 통해 여러분은 모션 센서의 작동 원리를 이해하고 코딩을 통해 움직임 감지와 반응을 프로그래밍하는 경험을 했습니다. 실제로 활동이 잘 이루어졌는지 점검을 해보세요.

1. 모션 센서 블록 소개 및 원리 이해

- ✓ 할로코드에 내장된 자이로스코프와 가속도계 센서의 작동 원리와 사용 방법을 배웠습니다.
- ✓ 자이로스코프는 회전을, 가속도계는 기울기와 움직임을 감지한다는 것을 알았습니다.

2. 모션 센서로 알림 시스템 만들기

- ✓ mBlock5 앱을 사용하여 할로코드의 모션 센서를 활용한 간단한 알림 시스템을 만들었습니다.
- ✓ 예제로, 움직임이 감지될 때 LED가 켜지는 알람 시스템을 구현했습니다.

3. 코드 설명 및 실습

- ✓ [깃발을 클릭했을 때] 이벤트로 시작하여, [모든 LED 끄기]로 초기 LED 상태를 설정했습니다.
- ✓ [계속 반복하기] 블록을 사용하여 모션 센서의 상태를 지속적으로 체크했습니다.
- ✓ [자이로스코프의 롤 각도] 블록과 [가속도계의 각도] 블록을 사용하여 움직임이 감지되면 LED가 켜지는 조건을 설정했습니다.
- ✓ [모든 LED를 파란색으로 켜기] 블록을 조건 블록 안에 넣어, 특정 움직임이 감지될 때 LED 색상을 파란색으로 변경했습니다.
- ✓ [1초 기다리기] 후 [모든 LED 끄기]를 사용하여 LED를 꺼주는 마무리 작업을 했습니다.

탐색하기

1. 알림 시스템 변형하기

만든 알림 시스템을 변형하여 다른 용도로 활용해 보세요. 예를 들어, 모션 센서로 움직임을 감지하면 불빛 모양이 랜덤으로 바뀌는 기능을 추가해 보세요.

---

2. 모션 센서 활용 아이디어

모션 센서를 활용하여 어떤 유용한 기기나 시스템을 만들 수 있을지 고민해 보세요. 더 복잡한 프로젝트 아이디어를 고안해 보세요.

---

3. 모험 기록

오늘의 모험 과제에서 가장 재미있었던 부분은 무엇이었나요? 모션 센서를 활용한 알림 시스템을 만들면서 어떤 아이디어가 떠올랐나요?

CHAPTER 13
모션 센서로 판다 조종하기

학습 목표
1. 모션 센서의 작동 원리를 이해합니다.
2. mBlock5 앱을 이용하여 모션 센서를 활용하여 판다를 움직이게 만들 수 있습니다.
3. 코딩을 통해 판다를 조종하는 프로그래밍을 경험합니다.

모험 준비

이번 챕터에서는 모션 센서를 사용하여 나만의 아바타를 조종하는 시스템을 만들어 봅니다. 모션 센서는 주변의 움직임을 감지하는 센서로, 이를 활용하여 움직임이 감지되면 사물을 움직임과 같은 방식으로 동작할 수 있습니다.

할로코드 모션 센서의 틸트(Tilt), 롤(Roll), 피치(Pitch)에 대해 배웁니다. 이 개념들은 움직임을 감지하는 데 매우 중요합니다.

1 틸트 (Tilt)

여러분이 손에 책을 들고 있다고 상상해 보세요. 책의 한쪽을 들어 올리면 책이 기울어지죠? 이렇게 한쪽을 들어 올리거나 내리는 것을 '틸트'라고 합니다. 할로코드 센서보드가 이런 기울기를 감지합니다.

2 롤 (Roll)

여러분의 팔을 생각해 보세요. 팔을 앞으로 뻗고, 손목을 왼쪽과 오른쪽으로 돌려 보세요. 이렇게 손목을 돌리는 동작을 '롤'이라고 합니다. 할로코드 센서보드는 이런 회전을 감지할 수 있습니다.

3 피치 (Pitch)

여러분이 비행기 조종사라고 상상해 보세요. 비행기 조종간을 앞으로 밀면 비행기의 코가 내려가고 조종간을 당기면 비행기의 코가 올라가죠. 이런 앞뒤 움직임을 '피치'라고 합니다. 할로코드 센서보드도 이런 앞뒤 기울기를 알아차릴 수 있습니다.

이렇게 할로코드 센서보드는 여러분이 하는 움직임을 감지하고, 여러분이 만든 프로그램이 이 움직임에 반응하도록 도와줍니다. 움직임을 감지하는 것이 어떻게 작동하는지 알아가는 것은 정말 재미있습니다.

모험 과제

1. 모션 센서를 이용한 움직임 설계
1. 상승 하강 움직임의 기본 원리를 이해합니다.
2. 변수를 이용하여 판다를 어떻게 움직이게 할지 고민해 봅니다.

2. 모션 센서 구현
1. mBlock5 앱을 사용하여 움직임 제어 시스템을 구현합니다. 블록 코딩으로 모션 센서의 기능을 이용해 센서의 조작 순서에 따라 LED가 켜지거나 꺼지는 로직을 만들어 냅니다.
2. 예제: 할로코드를 좌우 앞뒤로 기울이면 판다가 움직이는 시스템

3. 코드 설명 및 실습
모션 센서의 움직임 코드를 설계하고, 직접 만들어 봅니다.

실습 예제 프로그램

① 이벤트 :  블록을 가져옵니다.

② 제어 : 실행 시 반복해서 체크할 수 있게  블록을 붙여 줍니다.

③ 제어 :  블록을 가져와서 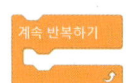 블록 안에 넣어 줍니다.

④ 연산 : ◯ > 50 블록을 가져와서 만약 ◯ 이(가) 참이면 블록 조건 안에 붙여 넣습니다.
연산 블록의 비교값을 '20'으로 변경합니다.

⑤ 감지 : 모션 센서의 피치° 각도(°) 블록을 가져와서 연산 블록 안에 넣어 줍니다.

⑥ 이벤트 : 메시지1 을(를) 보내기 블록을 가져와서 조건 안에 넣어 줍니다.

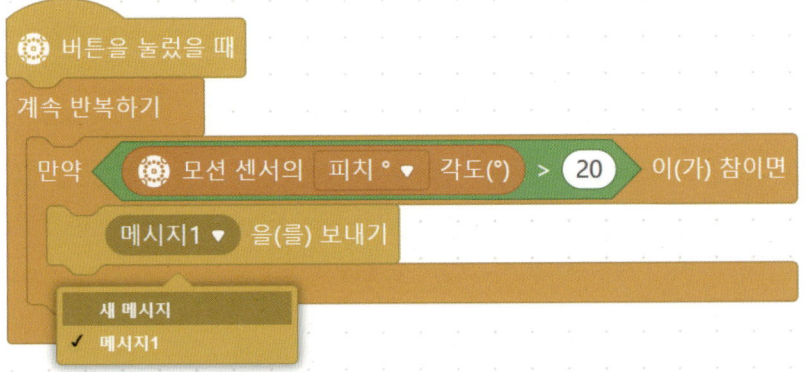

⑦ 새 메시지를 선택하고 위로, 아래로, 왼쪽, 오른쪽 4개의 메시지를 만들어 줍니다.

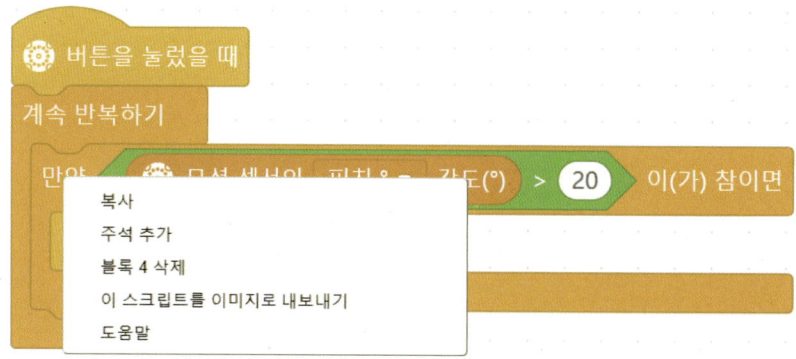

⑧ 조건 블록을 길게 터치하여 복사합니다.

⑨ 두 번째 블록의 '위로 보내기'를 '아래로 보내기'로 수정합니다.

⑩ 두 번째 조건 안에 롤 각도를 '20보다 작다'로 변경합니다.

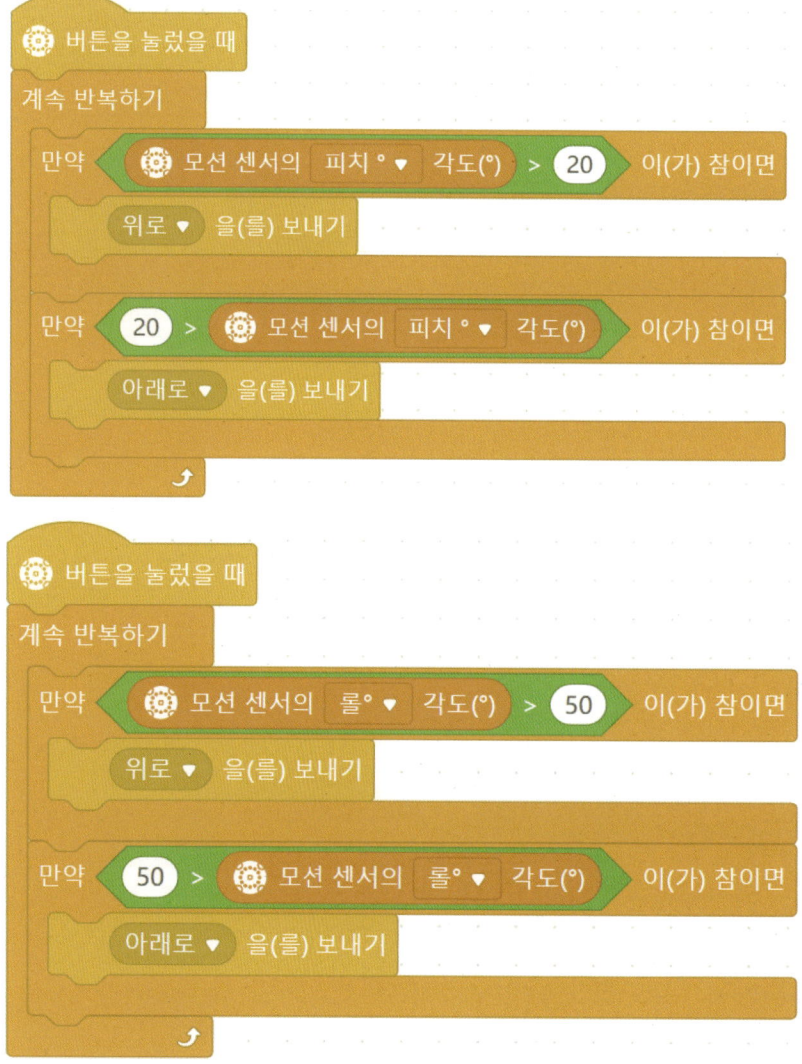

⑪ 다시 조건 블록을 복사해서 붙여 넣고, '피치'를 '롤'로 바꿔 줍니다.
⑫ '위로'를 '왼쪽'으로, '아래로'를 '오른쪽'으로 수정해 줍니다.

⑬ 판다 스프라이트를 선택합니다.

⑭ 이벤트 :  블록을 4개 가져옵니다.

⑮ 아래로, 위로, 왼쪽, 오른쪽으로 메시지 값을 변경해 줍니다.

⑯ 동작: [y좌표를 10만큼 변경하기] 블록을 가져와서 [위로을(를) 받았을 때] 블록 아래에 붙여 줍니다.
그리고 y좌표 값을 '5'로 변경합니다.

⑰ 동작 : [y좌표를 10만큼 변경하기] 블록을 가져와서 [아래로을(를) 받았을 때] 블록 아래에 붙여 줍니다.
그리고 값을 '-5'로 변경합니다.

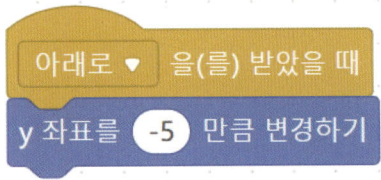

⑱ 동작 : [x좌표를 10만큼 변경하기] 블록을 가져와서 [왼쪽을(를) 받았을 때] 블록 아래에 붙여 줍니다.
그리고 값을 '-5'로 변경합니다.

⑲ 동작 : [x좌표를 5만큼 변경하기] 블록을 가져와서 [오른쪽을(를) 받았을 때] 블록 아래에 붙여줍니다.
그리고 x좌표 값을 '5'로 변경합니다.

⑳ 제어 : [1초 기다리기] 블록을 가져와서 4곳에 모두 붙여 줍니다. 그리고 값을 모두 '0.5초'로 변경합니다.

㉑ 이벤트 :  블록을 가져옵니다.

㉒ 동작 :  블록을 가져와서 [녹색 깃발 클릭했을 때] 블록 아래에 붙여 줍니다.

㉓ 동작 :  블록을 가져와서 x: 0 y: 0 로(으로) 이동하기 블록 아래에 붙여 줍니다.

🏁 을 클릭하고 할로코드의 버튼을 눌러 판다를 움직여 봅니다.

실습 내용 정리

mBlock5 앱과 할로코드의 모션 센서를 사용하여 판다 캐릭터를 조종하는 프로젝트를 수행했습니다. 이 과정에서 모션 센서의 작동 원리를 배우고, 이를 활용하여 판다를 움직이게 하는 프로그래밍 경험을 했습니다. 실제로 활동이 잘 이루어졌는지 점검을 해보세요.

1. 모션 센서의 원리 이해

- 할로코드의 모션 센서인 자이로스코프와 가속도계의 원리를 이해했습니다. 자이로스코프는 회전을, 가속도계는 기울기와 움직임을 감지합니다.

2. 모션 센서를 이용한 움직임 설계

- 모션 센서를 활용해 상승, 하강, 좌우 움직임을 기획했습니다. 이를 위해 변수를 사용하여 판다의 움직임을 결정하는 방법을 고안했습니다.

3. 모션 센서 구현 및 실습

- mBlock5 앱을 사용하여 움직임 제어 시스템을 구현했습니다. 블록 코딩을 활용하여 모션 센서의 조작에 따라 판다가 움직이는 로직을 작성했습니다.
- 조건에 따라 메시지를 전송하고, 판다 스프라이트가 이것을 받아 상, 하, 좌, 우로 움직이게 구현했습니다.
- 각 방향에 대해 [메시지를 받았을 때] 블록을 사용하여 판다의 x, y 좌표를 조정하는 로직을 구성했습니다.
- 이동 후에는 [0.5초 기다리기] 블록을 사용하여 움직임 사이의 간격을 조정했습니다.

4. 최종 테스트

- [녹색 깃발을 클릭했을 때] 블록으로 시작하여, [x:0, y:0으로 이동하기]와 [벽에 닿으면 튕기기]를 설정하여 판다가 화면 내에서 자유롭게 움직일 수 있도록 했습니다.
- [깃발]을 클릭한 후 할로코드의 버튼을 눌러 판다를 움직여 보며 실습 결과를 확인했습니다.

 ## 탐색하기

1. 모션 센서를 활용한 프로젝트 발전시키기

모션 센서를 사용한 판다 조종 프로젝트를 한 단계 업그레이드해 봅시다. 복잡한 동작이나 다양한 반응을 판다가 할 수 있게 새로운 기능을 추가해 보세요. 예를 들어, 판다가 특정 동작을 감지했을 때 다른 캐릭터와 상호 작용하거나 장애물을 피해 다니는 기능을 추가해 볼 수도 있겠죠.

2. 모션 센서와의 창의적인 만남

모션 센서를 사용하여 실생활에서 유용한 시스템이나 서비스를 만들 수 있는 아이디어를 생각해 보세요. 예를 들어, 간단한 손동작으로 불을 켜고 끄는 스마트 홈 시스템을 구상할 수도 있습니다. 여러분만의 독창적인 아이디어를 발휘해 보세요.

3. 모션 센서 프로젝트 정리

여러분이 만든 모션 센서 프로젝트를 통해 새로 배운 점은 무엇인가요? 모션 센서를 이용해 판다를 조종하면서 어떤 새로운 발견을 했나요? 배운 내용을 바탕으로 퀴즈를 만들어 친구들과 공유해 보세요. 예를 들어, "할로코드 센서보드의 틸트 기능을 활용하여 만들 수 있는 게임은 무엇일까요?" 같은 퀴즈를 통해 서로의 지식을 시험해 볼 수 있습니다.

CHAPTER 14
마이크 센서로 소음 감지기 만들기

학습 목표
1. 마이크 센서 블록의 사용법을 이해합니다.
2. mBlock5 앱과 마이크 센서를 활용하여 소음 감지기를 만들 수 있습니다.
3. 코딩을 통해 소리와 상호 작용하는 능력을 개발합니다.

모험 준비

이번 챕터에서는 마이크를 사용하여 소리를 감지하고, 코딩을 통해 소리에 반응하는 소음 감지기를 만들어 봅니다. 소리를 감지하고 다양한 동작을 제어하는 것은 창의적인 프로젝트를 구현하는 데 도움이 됩니다.

모험 과제

1 마이크 센서 소개

마이크 센서의 작동 원리와 사용법을 알아봅시다.

1 할로코드의 마이크 센서란?

마이크 센서는 소리를 감지하는 장치입니다. 할로코드에 있는 마이크 센서는 주변의 소리를 듣는 능력이 있습니다. 이 기능 덕분에 할로코드는 소리에 따라 다양한 반응을 보일 수 있습니다.

2 마이크 센서는 어떻게 소리를 '듣는' 걸까요?

소리는 공기에서 퍼져나가는 물결과 같습니다. 이런 소리의 물결을 '소리의 파동'이라고 합니다. 할로코드의 마이크 센서는 이런 소리의 파동을 감지하고, 그 정보를 할로코드에 알려줍니다. 그래서 우리가 박수를 치거나 노래를 부르면 마이크 센서가 이 소리를 '듣고', 할로코드에게 "여기 소리가 있어!"라고 알려주는 것입니다.

3 마이크 센서로 무엇을 할 수 있을까요?

마이크 센서를 사용하면 할로코드가 소리에 반응하는 여러 가지 재미있는 활동을 할 수 있습니다. 예를 들어, 박수를 치면 할로코드의 불빛이 켜지도록 만들 수도 있습니다. 또는, 큰 소리가 나면 할로코드가 경고음을 내도록 프로그래밍할 수도 있습니다.

2 마이크로 소리 감지하기

1 mBlock5 앱을 이용하여 마이크로 소리를 감지하는 소음 감지기를 만듭니다.
2 예제: 소리가 감지되면 음량에 따라 다르게 LED가 켜지는 프로젝트

3 코드 설명 및 실습

프로젝트의 코드를 이해하고, 실제 만들어 봅니다.

실습 예제 프로그램 ○○○○○○○○○○○○○○○○○○○○○○

① 이벤트 :  블록을 가져옵니다.

② 제어 : 실행 시 반복해서 체크할 수 있게  블록을 붙여 줍니다.

③ 제어 :  블록을 가져와서  블록 안에 붙여 줍니다.

④ 연산 :  블록을 가져와서  블록 조건 안에 붙여 넣습니다.

⑤ 감지 : 🎤 마이크 음량 블록을 ◯ > 50 블록 왼쪽에 붙여 넣습니다.

⑥ 조명 : 전체 LED의 100 % 를 켜기 블록을 만약 🎤 마이크 음량 > 50 이(가) 참이면 블록 안에 붙여 넣습니다.

⑦ [전체 LED의 100 % 를 켜기] 블록 안에 [마이크 음량] 블록을 넣습니다.

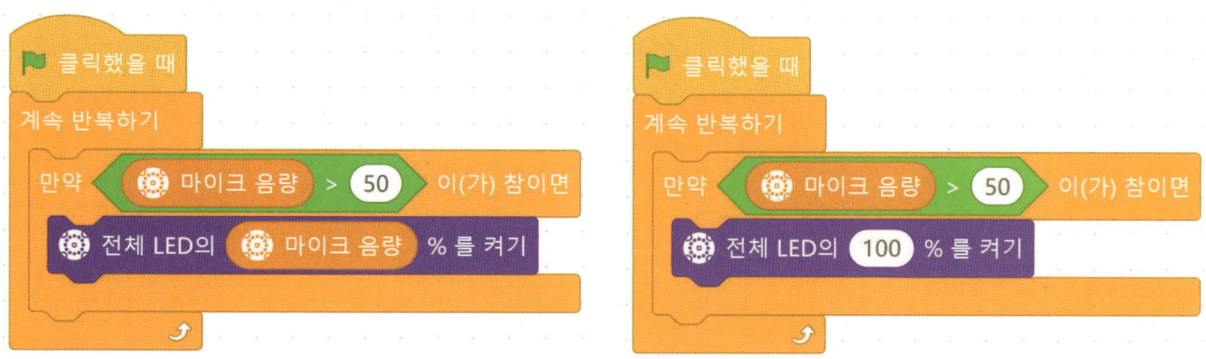

🚩을 눌러 결과를 확인해 보고, 전체 LED에 '마이크 음량' 블록을 포함시키는 경우와 포함시키지 않는 경우를 각각 실행해 보며, 두 상황의 차이점을 관찰합니다.

실습 내용 정리

이번 실습을 통해 여러분은 마이크 센서가 어떻게 소리를 감지하고, 이를 이용해 어떻게 프로그래밍으로 반응을 만들어 낼 수 있는지 배웠습니다. 이러한 지식은 창의적인 프로젝트 구현에 큰 도움이 될 것입니다. 실제로 활동이 잘 이루어졌는지 점검을 해보세요.

1. 마이크 센서를 이용한 소음 감지기 만들기

- 마이크 센서를 활용하여 소음을 감지하고, 그에 반응하는 소음 감지기를 만들었습니다.
- mBlock5 앱을 사용하여 마이크 센서로 소리를 감지하고, 소리의 크기에 따라 LED의 반응을 다르게 설정했습니다.
- 소리 감지에 따른 다양한 LED 반응을 코딩하여, 소리의 크기가 클수록 LED가 밝게 켜지도록 프로그래밍했습니다.

2. 실습 과정

- mBlock5 앱을 사용하여 마이크 센서 블록을 이해하고, 소리 감지 기능을 구현했습니다.
- 소리의 크기에 따라 LED가 반응하도록 연산 블록과 조명 블록을 활용하여 조건을 설정했습니다.
- 다양한 소리의 크기를 실험해 보고, 각각에 대한 LED의 반응을 관찰하며 프로젝트를 완성했습니다.

3. 프로젝트 구현

- [이벤트] 블록으로 시작하여, [제어] 블록을 이용해 소리 감지를 지속적으로 확인했습니다.
- [연산] 블록을 활용해 소리의 크기를 판단하고, [조명] 블록으로 LED의 반응을 구현했습니다.
- 소리의 크기에 따라 LED가 다르게 반응하도록 조건을 설정하여 프로젝트의 동작을 확인하고 테스트했습니다.

탐색하기

1. 소리 감지 프로젝트 확장하기

소리 감지 프로젝트를 더 발전시켜 보세요. 예를 들어, 소리가 일정 크기 이상일 때 메시지를 전송하거나 다른 동작을 추가해 보세요.

2. 소리와 빛의 조합

마이크로 소리를 감지하면 LED의 색상이 변하는 프로젝트를 시도해 보세요.

3. 마이크 센서 프로젝트 정리

오늘의 모험 과제와 탐색하기에서 어떤 경험을 얻었나요? 소리를 활용하여 코딩하는 것에 대해 어떤 생각이 들었나요?

CHAPTER 15 디지털 나침판 만들기

학습 목표
1. mBlock5 앱을 사용하여 간단한 디지털 나침판을 모델링할 수 있습니다.
2. 블록 코딩을 활용하여 나침판의 방향을 제어할 수 있습니다.
3. 창의적인 코딩 프로젝트를 통해 지리적 방향과 나침판의 원리를 이해할 수 있습니다.

모험 준비

우리가 이번에 하게 될 모험은 바로 디지털 나침판을 만드는 것입니다. mBlock5 앱과 할로코드의 모션 센서의 마법을 빌려 실시간으로 방향을 알려주는 나침판을 만들어 보겠습니다. 이 프로젝트를 통해 모션 센서가 방향을 어떻게 감지하고 표시할 수 있는지 배울 수 있습니다. 이 모든 활동을 수행하면서 창의적인 코딩 프로젝트의 흥미로운 세계를 체험해 볼 수 있습니다.

디지털 나침판은 실제 방향을 알려주는 신기한 도구입니다. mBlock5 앱을 열어 할로코드와 함께 블록들을 쌓아 보며 이 신기한 나침판을 만들어 봅시다. 방향을 어떻게 감지할 수 있을까요? 나침판의 방향을 어떻게 표시할 수 있을까요? 이 모든 질문의 답을 찾아가며 코딩의 재미를 느껴 보기 바랍니다.

나침판이 방향을 가리키는 순간 우리는 할로코드의 신비로운 세계에 빠져들게 됩니다.
이제, 코딩의 세계를 통해 지리에 대한 이해를 높이는 여정을 시작해 봅시다!

모험 과제

1 나침판 디자인하기
1. 자신만의 디지털 나침판을 디자인합니다. 할로코드가 나침판이 되어 가리키는 방향을 알려줍니다.
2. 방향을 어떻게 구분하고 제어하는지 생각해 봅니다.

2 나침판 모델링 프로젝트
1. mBlock5 앱을 사용하여 나침판의 모델링을 시작합니다.
2. 블록 코딩으로 나침판의 방향을 제어할 계획을 세웁니다.

3 코드 설명 및 실습
Z축을 중심으로 회전하는 값을 감지하여 회전한 값을 비교하여 방향을 감지하고, 그 방향을 표시해 주는 디지털 나침판 프로그램을 만들어 봅니다.

실습 예제 프로그램

① 이벤트 : `클릭했을 때` 블록을 가져옵니다.

② 감지 : `모든 ▼ 축을 중심으로 회전한 각도 초기화하기` 블록을 가져옵니다.

```
┌ 클릭했을 때
│ 모든 ▼ 축을 중심으로 회전한 각도 초기화하기
```

③ 제어 : 실행 시 반복해서 체크할 수 있게  블록을 붙여 줍니다.

```
┌ 클릭했을 때
│ 모든 ▼ 축을 중심으로 회전한 각도 초기화하기
│ 계속 반복하기
│ └───────
```

④ 변수 : [변수 만들기] 블록을 사용하여 [방향], [나침판] 변수를 생성합니다.

⑤ 연산 : ◯ 나누기 ◯ 의 나머지 블록을 가져옵니다.

⑥ 감지 : z▼ 축을 중심으로 회전한 각도(°) 블록을 가져와서 ◯ 나누기 ◯ 의 나머지 블록에 붙여 넣습니다.

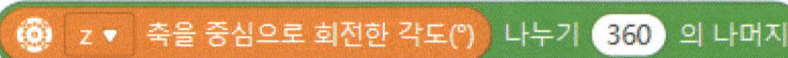

⑦ 변수 : 나침판▼ 을(를) 0 로(으로) 설정하기 블록을 가져와서 z▼ 축을 중심으로 회전한 각도(°) 나누기 360 의 나머지 블록을 붙여 넣습니다.

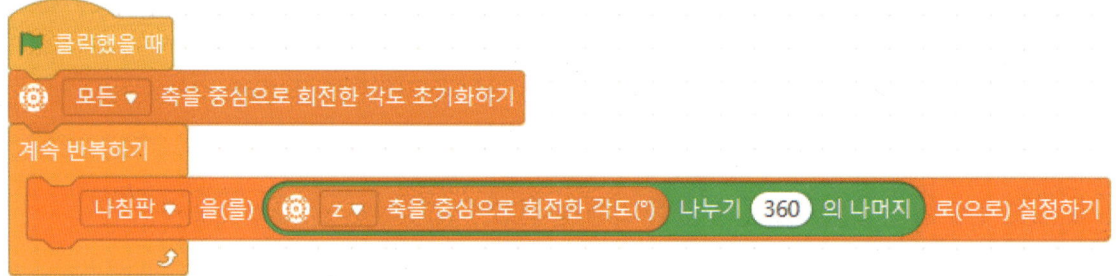

⑧ 제어 : 만약 ◇ 이(가) 참이면 블록을 가져와서 계속 반복하기 블록 안에 넣어 줍니다.

⑨ 변수 : 나침판 블록을 가져와서 ◯ > 0 블록에 붙여 넣습니다.

⑩ 변수 : `나침판` 블록 2개를 가져와서 `◯ < 90` 블록의 왼쪽, 오른쪽에 붙여 넣습니다.

⑪ 연산 : `그리고` 블록을 가져와서 앞에 만든 조건 연산 블록을 넣어 줍니다.

`< 나침판 > 0 > 그리고 < 나침판 < 90 >`

```
▶ 클릭했을 때
모든 ▼ 축을 중심으로 회전한 각도 초기화하기
계속 반복하기
    나침판 ▼ 을(를) z ▼ 축을 중심으로 회전한 각도(°) 나누기 360 의 나머지 로(으로) 설정하기
    만약 < 나침판 > 0 그리고 나침판 < 90 > 이(가) 참이면
```

⑫ 변수 : `방향 ▼ 을(를) 동쪽 로(으로) 설정하기` 블록을 가져옵니다.

```
▶ 클릭했을 때
모든 ▼ 축을 중심으로 회전한 각도 초기화하기
계속 반복하기
    나침판 ▼ 을(를) z ▼ 축을 중심으로 회전한 각도(°) 나누기 360 의 나머지 로(으로) 설정하기
    만약 < 나침판 > 0 그리고 나침판 < 90 > 이(가) 참이면
        방향 ▼ 을(를) 동쪽 로(으로) 설정하기
```

⑬ 제어 : [만약 조건이(가) 참이면] 블록을 3개 복사해서 4개를 만들어 줍니다.

⑭ 연산 : 각각의 방향 값을 동쪽, 서쪽, 남쪽, 북쪽으로 수정하고, 각도 값을 다음과 같이 설정합니다.

동쪽 = 0 < 나침판 < 90   남쪽 = 90 < 나침판 < 180

서쪽 = 180 < 나침판 < 270   북쪽 = 270 < 나침판 < 360

⑮ 판다 스프라이트를 선택합니다.

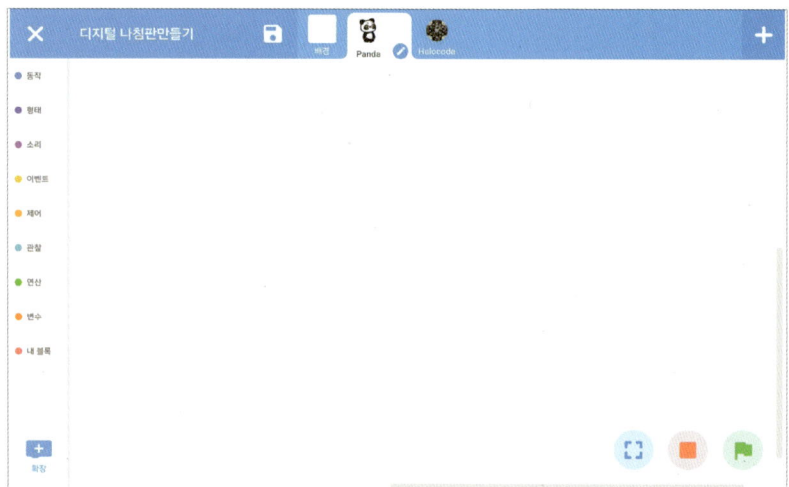

⑯ 이벤트 :  블록을 가져옵니다.

⑰ 제어 : 실행 시 반복해서 체크할 수 있게  블록을 붙여 줍니다.

⑱ 형태 : 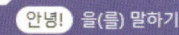 블록을 가져옵니다.

⑲ 변수 : 블록을 가져와서  블록에 붙여 줍니다.

할로코드를 책상 위에 올려 놓고 🟢 을 클릭하여 실행하고, 결과를 확인해 봅니다.

실습 내용 정리

이번 실습을 통해 여러분은 할로코드의 모션 센서를 활용하여 실시간으로 나침판의 방향을 제어해 보았습니다. 실제로 활동이 잘 이루어졌는지 점검을 해보세요.

1. 디지털 나침판 제작하기

✅ mBlock5 앱과 할로코드의 모션 센서를 활용하여 실시간으로 방향을 알려주는 디지털 나침판을 제작했습니다.

✅ 자신만의 나침판을 디자인하고, 블록 코딩을 통해 나침판의 방향을 제어하는 방법을 배웠습니다.

✅ 나침판의 작동 원리를 이해하고, 방향 감지 및 표시 방법을 코딩으로 구현했습니다.

2. 나침판 모델링 및 코딩 프로세스

✅ mBlock5 앱에서 나침판의 모델링을 시작하고, 각 방향에 대한 변수와 조건을 설정했습니다.

✅ 모션 센서의 회전 각도를 기반으로 각 방향(동, 서, 남, 북)을 판단하고, 해당 방향을 나침판 변수에 저장했습니다.

✅ 판다 스프라이트가 현재 방향을 말하도록 설정하여 나침판의 방향을 시각적으로 표현했습니다.

3. 실습 실행 및 관찰

✅ 프로그램을 실행하여 할로코드가 현재 방향을 감지하고 표시하는지 테스트했습니다.

✅ 이 과정을 통해 나침판의 방향 감지와 표시 메커니즘을 이해하고 코딩의 기본 원리를 배웠습니다.

탐색하기

1. 나침판 개선 아이디어

자신의 나침판을 더 발전시켜 보세요. 더 다양한 디자인의 나침판을 만들거나 나침판의 표시 방식을 바꿔 보세요.

_____
_____
_____

2. 나침판과 지리

나침판을 만들면서 어떤 지리적 지식을 얻을 수 있었는지 생각해 보세요. 실제 나침판과 디지털 나침판의 차이점은 무엇인지 탐색해 보세요.

_____
_____
_____

3. 모험 기록

나침판 모델링 프로젝트를 통해 어떤 창의적인 아이디어가 떠올랐나요? 나침판 디자인을 통해 어떤 것을 배웠나요?

_____
_____

CHAPTER 16 로켓 발사 장치 만들기

학습 목표
1. 로켓 발사의 기본적인 원리를 이해합니다.
2. mBlock5 앱과 할로코드 센서보드를 이용하여 로켓 발사 장치 프로젝트를 만들 수 있습니다.
3. 코딩을 통해 실제 로켓 발사 장치를 구현하는 능력을 키웁니다.

모험 준비

이번 챕터에서는 로켓 발사의 기본적인 원리와 이를 코딩으로 구현하는 방법을 학습합니다. 로켓 발사는 역학과 과학의 기본 원리를 이해하고 적용하는 데 도움이 되며, 이를 통해 코딩과 실생활의 연관성을 이해하고, 코딩의 응용 능력을 키울 수 있습니다.

모험 과제

1 로켓 발사의 기본 원리

로켓은 엔진에서 나오는 기체의 반동으로 공중에 뜨게 됩니다. 이것은 뉴턴의 제3법칙, 즉 작용과 반작용의 법칙을 응용한 것입니다. 로켓을 만들 때는 이런 원리를 이해하고 적용해야 합니다.

2 로켓 발사 장치 만들기

모험 과제를 통해 로켓 발사의 기본 원리를 이해하고, 실제로 mBlock5 앱과 할로코드 센서보드를 사용하여 로켓 발사 장치를 만들어 볼 거예요. 이렇게 직접 만들어 보면 로켓에 대한 흥미와 코딩의 재미를 함께 느낄 수 있을 것입니다!

3 코드 설명 및 실습

1. 프로그램이 시작되면 모든 LED를 빨강색으로 켜서 준비 상태를 표시합니다.
2. 5초 후에 모든 LED를 녹색으로 바꾸고, [발사] 변수를 1로 설정하여 로켓을 발사합니다.

실습 예제 프로그램

① 이벤트 : Halocode가 켜졌을 때 블록을 가져옵니다.

② 변수 : [발사] 변수를 만들어 줍니다.

③ 변수 : 발사 을(를) 0 로(으로) 설정하기 블록을 가져옵니다.

④ 제어 : 계속 반복하기 블록을 가져옵니다.

⑤ 제어 : 만약 이(가) 참이면 블록을 가져와서 계속 반복하기 블록 안에 넣어 줍니다.

⑥ 감지 : 버튼을 눌렀나요? 블록을 가져와서 만약 이(가) 참이면 블록에 넣어 줍니다.

⑦ 조건 : 만약 이(가) 참이면 아니면 블록을 가져와서 계속 반복하기 블록 안에 넣어 줍니다.

⑧ 연산 : = 1 블록을 가져와서 만약 이(가) 참이면 아니면 블록 조건 안에 붙여 넣습니다.

⑨ 조명 : 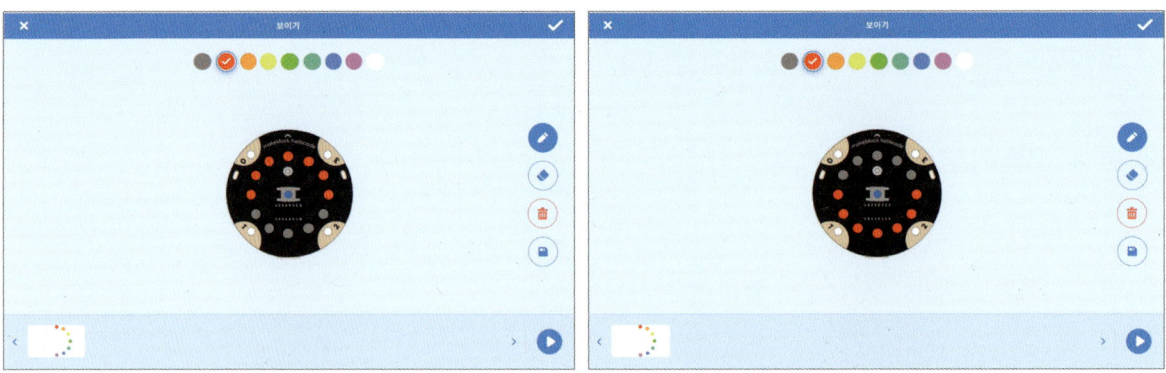 블록을 붙여 줍니다. 불빛 설정을 아래와 같이 설정합니다.

첫 번째 블록   두 번째 블록

⑩ 제어 : 블록을 붙여 줍니다.

⑪ 변수 : 발사 블록을 조건 연산 블록 왼쪽에 넣습니다.

⑫ 제어 : 블록을 '아니면' 조건 안에 넣어 줍니다.

⑬ 조명 : 블록을 '아니면' 조건 안에 붙여 줍니다.

⑭ 이벤트 : 블록을 가져옵니다.

⑮ 변수 : 블록을 가져옵니다.

⑯ 제어 : 블록을 가져옵니다.

⑰ 조명 : 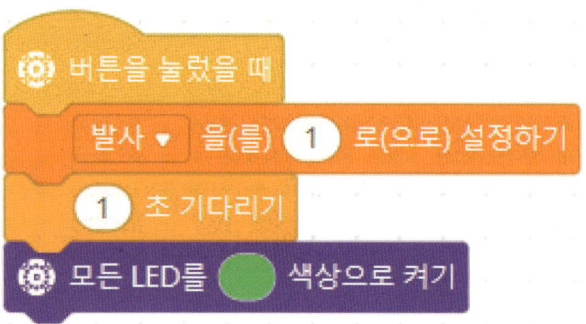 블록을 가져옵니다.

완성된 프로그램

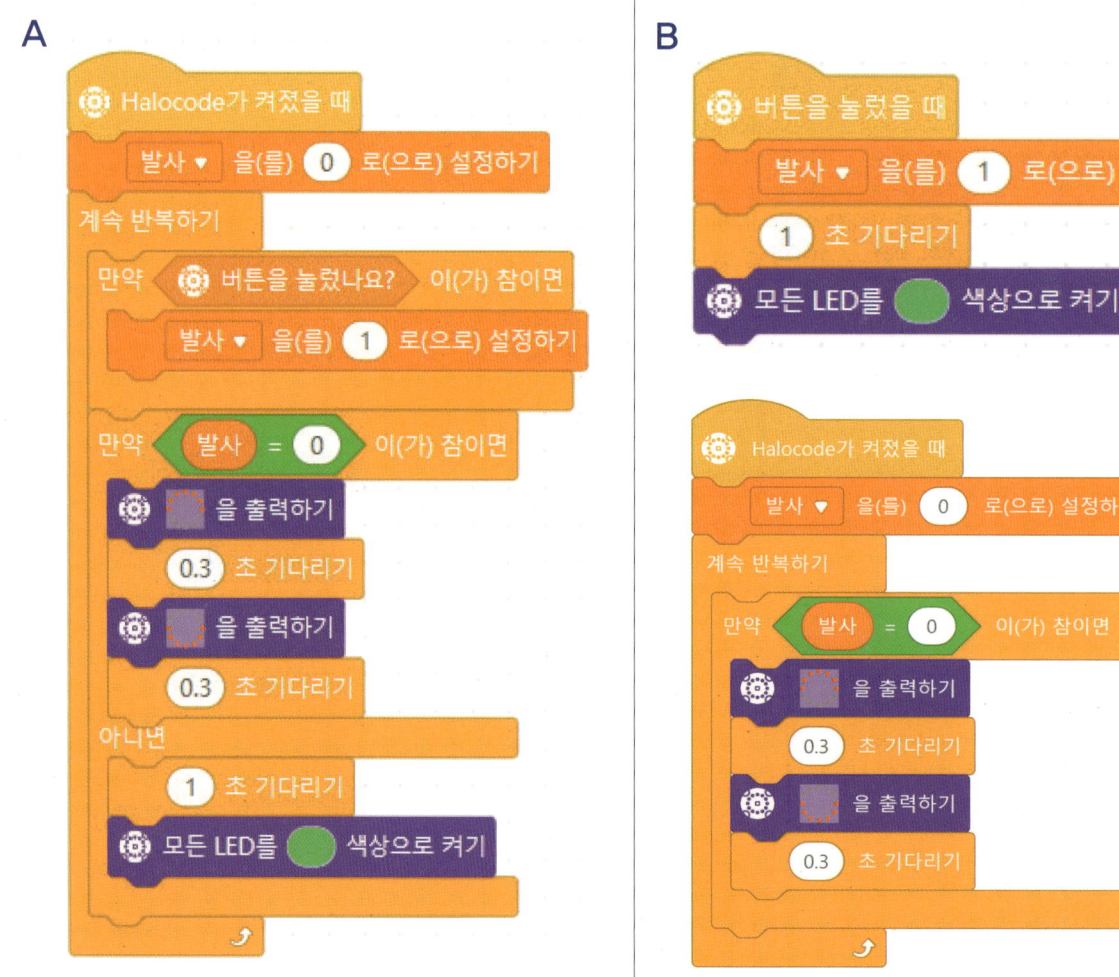

실습 내용 정리

이번 실습을 통해 여러분은 로켓 발사의 기본적인 원리를 알고, 이를 활용해 실제 로켓 발사 장치를 구현해 보았습니다. 실제로 활동이 잘 이루어졌는지 점검을 해보세요.

1. 로켓 발사 장치 만들기

- ✅ mBlock5 앱과 할로코드 센서보드를 사용하여 로켓 발사 장치를 만드는 프로젝트를 진행했습니다.

- ✅ 로켓 발사의 원리를 이해하고 이를 코딩으로 구현하면서 로켓 발사 시 LED 색상을 변화시켜 발사 상태를 나타냈습니다.

2. 로켓 발사 장치의 코딩 과정

- ✅ 로켓 발사 준비 상태를 나타내기 위해 LED를 빨강색으로 켜고, 발사 시점에는 녹색으로 전환하는 코딩을 추가했습니다.

- ✅ 발사 시점을 제어하기 위해 [발사] 변수를 활용하고, 발사 후 LED 색상 변화로 발사 상태를 시각적으로 표현했습니다.

3. 실습 실행 및 관찰

- ✅ 프로그램 실행 시 LED 색상 변화를 통해 로켓 발사 준비와 발사 과정을 관찰했습니다.

- ✅ 이 프로젝트를 통해 로켓 발사의 기본 원리와 코딩을 통한 실제 구현 방법을 이해하고 체험했습니다.

탐색하기

1. 로켓 발사 장치 프로젝트 확장하기

로켓 발사 장치 프로젝트를 더 발전시켜 보세요. 다른 센서 값을 이용하거나 추가 기능을 넣어 보세요.

---

2. 로켓과 우주 탐사의 역사

로켓과 우주 탐사의 역사에 대해 조사해 보세요. 로켓과 관련된 흥미로운 사례를 찾아 보세요.

---

3. 모험 기록

로켓 발사 장치 프로젝트를 만들면서 무엇을 배웠나요? 로켓 발사의 원리와 코딩의 연관성에 대한 어떤 경험이나 이야기를 나눠 보세요.

CHAPTER 17
밝기 조절 가능한 나만의 터치 조명 만들기

학습 목표
1. mBlock5 앱과 할로코드를 활용하여 터치 조명 프로젝트를 수행할 수 있습니다.
2. 블록 코딩을 이용하여 터치 센서와 RGB LED를 제어할 수 있습니다.
3. 창의적인 코딩 프로젝트를 통해 실용적인 전자제품을 만들 수 있습니다.

모험 준비

이번 챕터에서는 mBlock5 앱과 할로코드의 터치 센서와 RGB LED를 활용하여 자신만의 밝기 조절 가능한 터치 조명을 만들어 보겠습니다. 이 프로젝트를 통해 실용적인 전자제품을 만들어 보고, 어떻게 코드를 사용하여 전자제품을 제어할 수 있는지 배워 보겠습니다.

터치 조명은 단순한 램프가 아닙니다. 이것은 코딩의 마법을 담은 신비로운 조명입니다. mBlock5 앱을 열어 할로코드와 함께 블록들을 쌓아 보며 이 신비한 조명을 만들어 봅시다. 조명의 밝기는 어떻게 조절될까요? 어떤 블록을 사용하여 터치 센서를 제어할까요? 이 모든 질문의 답을 찾아가며 코딩의 재미를 느껴보기 바랍니다. 터치 조명이 활성화되는 순간 우리는 할로코드의 신비로운 세계에 빠져들게 됩니다. 이제, 코딩을 통해 실용적인 전자제품을 만드는 여정을 시작해 봅시다!

모험 과제

1 조명 디자인하기
여러분은 자신만의 터치 조명을 디자인합니다. 어떤 모양과 색상의 조명을 만들 것인지 고민합니다.

2 터치 조명 모델링 프로젝트
1 mBlock5 앱을 사용하여 터치 조명의 모델링을 시작합니다. 블록 코딩으로 조명의 밝기와 색상을 제어합니다.

2 프로그램 실행 조건

- 버튼 센서를 누르면 LED 조명이 켜집니다.
- 0번을 터치하면 밝기를 10% 증가합니다.
- 1번을 터치하면 밝기를 -10% 감소합니다.
- 3번을 터치하면 조명이 꺼집니다.
- 밝기 값은 0~100 사이를 벗어나지 않습니다.

3 코드 설명 및 실습

밝기를 조절할 수 있는 터치 조명을 어떻게 제어하는지 원리를 이해하고, 실제 만들어 봅니다.

실습 예제 프로그램

① 이벤트 : [버튼을 놓였을 때] 블록을 가져옵니다.

② 변수 : [변수 만들기]를 터치하여 밝기 변수를 만들어 줍니다.

③ 변수 : [밝기▼ 을(를) 0 로(으로) 설정하기] 블록을 가져옵니다. 밝기 변수 값을 '100'으로 변경합니다.

④ 조명 : [모든 LED를 색상, 50 % 밝기로 켜기] 블록을 가져와서 [밝기] 변수를 넣어 줍니다.

⑤ 제어 : [계속 반복하기] 블록을 가져옵니다.

⑥ 제어 :  블록을 가져옵니다.

⑦ 제어 :  블록을 가져와서 계속 반복하기 블록 안에 넣어 줍니다.

⑧ 감지 :  블록을 가져와서 만약 이(가) 참이면 블록에 넣어 줍니다.

⑨ 변수 : 밝기 을(를) 10 만큼 변경하기 블록을 가져와서 만약 이(가) 참이면 블록에 넣어 줍니다.

⑩ 조명 : 모든 LED를 색상, 50 % 밝기로 켜기 블록을 가져와서 밝기 변수를 넣고 계속 반복하기 블록에 넣어 줍니다.

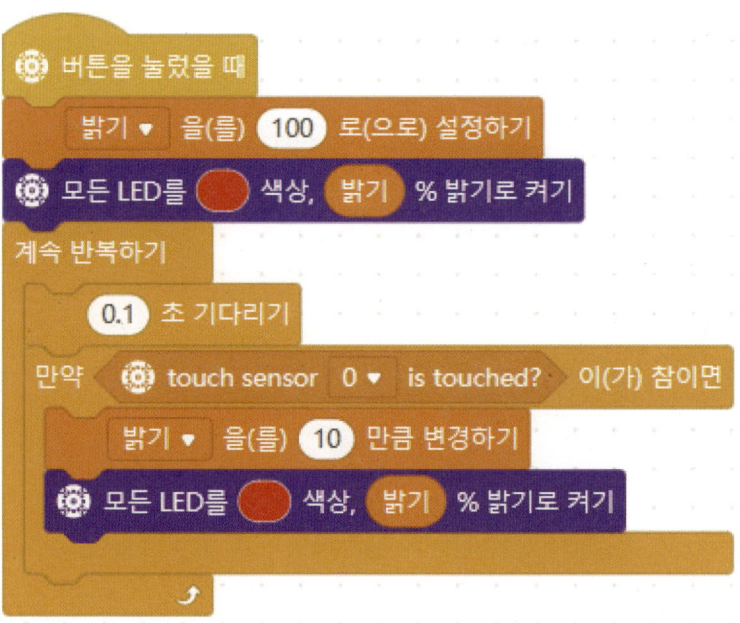

⑪ 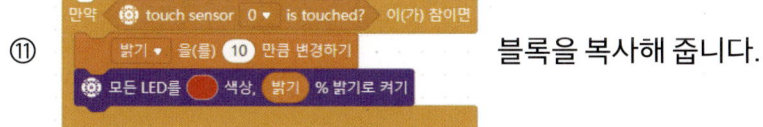 블록을 복사해 줍니다.

⑫ 터치 센서 값을 '1'로 변경해 줍니다.

⑬ 감지 : `touch sensor 0 is touched?` 블록을 가져와서 `만약 ~이(가) 참이면` 블록 조건 안에 넣어 줍니다.
터치 센서 값을 '1'로 변경해 줍니다.

⑭ 조명 : `모든 LED 끄기` 블록을 `만약 ~이(가) 참이면` 블록 안에 넣어 줍니다.

⑮ 제어 : `만약 ~이(가) 참이면` 블록을 가져옵니다.

⑯ 연산 : `○ > 100` 블록을 가져와서 밝기 변수를 넣어 줍니다.

⑰ 변수 :  블록을 [만약] 블록 안에 넣어 줍니다.

⑱ [만약] 블록을 복사합니다.

⑲ 밝기 변수를 오른쪽으로 옮겨 주고, 왼쪽에 '10'을 입력합니다. 밝기 변수 값을 '10'으로 변경합니다.

⑳ 완성된 블록을 [계속 반복하기] 안에 넣어 줍니다.

완성된 프로그램

- 버튼을 눌렀을 때
- 밝기 ▼ 을(를) 100 로(으로) 설정하기
- 모든 LED를 ● 색상, 밝기 % 밝기로 켜기
- 계속 반복하기
  - 0.1 초 기다리기
  - 만약 touch sensor 0 ▼ is touched? 이(가) 참이면
    - 밝기 ▼ 을(를) 5 만큼 변경하기
    - 모든 LED를 ● 색상, 밝기 % 밝기로 켜기
  - 만약 touch sensor 1 ▼ is touched? 이(가) 참이면
    - 밝기 ▼ 을(를) -5 만큼 변경하기
    - 모든 LED를 ● 색상, 밝기 % 밝기로 켜기
  - 만약 touch sensor 2 ▼ is touched? 이(가) 참이면
    - 모든 LED 끄기
  - 만약 밝기 > 100 이(가) 참이면
    - 밝기 ▼ 을(를) 100 로(으로) 설정하기
  - 만약 10 > 밝기 이(가) 참이면
    - 밝기 ▼ 을(를) 10 로(으로) 설정하기

실습 내용 정리

mBlock5 앱과 할로코드의 터치 센서를 사용하여 조명의 밝기 조절을 자유자재로 해보는 프로젝트를 수행해 보았습니다. 실제로 활동이 잘 이루어졌는지 점검을 해보세요.

1. 밝기 조절 가능한 터치 조명 만들기

- ✓ mBlock5 앱과 할로코드를 사용하여 터치로 밝기를 조절할 수 있는 조명을 만드는 프로젝트를 진행했습니다.
- ✓ 터치 센서와 RGB LED를 활용하여 자신만의 조명을 디자인하고, 블록 코딩을 통해 조명의 밝기와 색상을 제어하는 방법을 배웠습니다.

2. 터치 조명 프로젝트의 코딩 과정

- ✓ 버튼 센서를 누르면 LED가 켜지고, 터치 센서 0번과 1번을 이용하여 밝기를 조절하는 코딩을 구현했습니다.
- ✓ 터치 센서 2번을 통해 조명을 끌 수 있는 기능을 추가했습니다.
- ✓ 밝기 조절 시 0~100 범위를 넘지 않도록 설정하여 조명의 밝기를 적절하게 유지했습니다.

3. 실습 실행 및 관찰

- ✓ 프로그램 실행 시 버튼을 눌러 LED를 켜고, 터치 센서를 통해 밝기를 조절하는 것을 관찰했습니다.
- ✓ 밝기가 0~100 범위를 넘지 않도록 설정된 것을 확인하며, 터치 센서의 반응에 따라 조명의 밝기가 변하는 것을 체험했습니다.

탐색하기

1. 조명 박스 개선 아이디어

자신의 터치 조명을 더 발전시켜 보세요. 더 다양한 색상의 조명을 만들거나 사용자 인터페이스를 개선해 보세요.

2. 전자와 코딩

전자제품을 제작하면서 어떤 안전 고려 사항이 있는지 조사해 보세요. 실용적인 전자제품을 만들기 위해 필요한 기술과 지식에 대해 알아보세요.

3. 모험 기록

터치 조명 모델링 프로젝트를 통해 어떤 창의적인 아이디어가 떠올랐나요? 전자제품 디자인을 통해 어떤 것을 배웠나요?

CHAPTER 18 만보기 만들기

학습 목표
1. 할로코드와 mBlock5를 활용하여 만보기를 모델링할 수 있습니다.
2. 블록 코딩을 이용해 만보기의 작동 원리를 이해하고 구현할 수 있습니다.
3. 프로젝트 기반 학습을 통해 문제 해결 능력을 향상 시킬 수 있습니다.

모형 준비

이번 챕터에서는 할로코드의 모션 센서를 활용해 실시간으로 사용자의 걸음수를 측정하는 만보기를 만들어 보겠습니다. 이 활동을 통해 물리적 움직임을 디지털 데이터로 변환하는 과정을 이해하고, 이를 프로그래밍으로 어떻게 구현할 수 있는지 배울 것입니다. 또한, 팀으로 과제를 수행하며, 팀워크를 발휘하여 공동의 목표를 달성하는 경험을 할 수 있습니다.

모험 과제

1 만보기 디자인하기

만보기의 기능과 디자인에 대해 생각해 봅니다. 걸음수 측정 방식과 사용자 인터페이스에 대한 아이디어를 팀원과 공유합니다.

2 만보기 모델링 프로젝트

1 mBlock5 앱을 사용하여 만보기의 기본 모델을 구현합니다.
2 모션 센서를 감지하여 걸음수를 측정합니다.
3 활용한 걸음수 측정 로직을 블록 코딩으로 설계하고, 걸음수만큼 판다가 움직이게 합니다.

3 코드 설명 및 실습

모션 센서의 움직임을 감지하여 카운트하는 만보기를 만들어 봅니다. 모션 센서를 활용하는 프로젝트를 구성합니다.

이 프로젝트의 목표는 모션 센서가 감지하는 움직임에 반응하여 판다 캐릭터를 화면상에서 움직이게 하는 것입니다. 움직임이 감지될 때마다 판다 캐릭터가 일정한 거리를 이동하며, 이와 동시에 움직임 횟수를 카운트합니다. 이 카운트는 만보기의 원리를 모방하여 사용자의 움직임 빈도를 수치적으로 표시하는 데 사용됩니다.

실습 예제 프로그램

① 이벤트 :  블록으로 시작합니다

② 조명 : [모든 LED 끄기] 블록을 가져옵니다.

③ 변수 : [걸음수] 변수를 만들고 [걸음수을(를) 0로(으로) 설정하기]를 가져옵니다.

④ 제어 : [계속 반복하기] 블록을 가져옵니다.

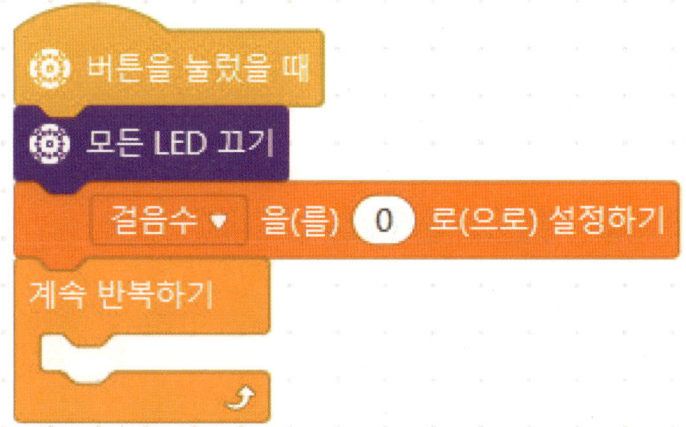

⑤ 제어 : [만약 <   > 이(가) 참이면] 블록을 가져옵니다.

⑥ 연산 : [20보다 크다] 블록을 가져와서 [만약 <   > 이(가) 참이면] 블록을 조건에 붙여 넣습니다.

⑦ 감지 : [흔들림 세기] 블록을 가져와서 [20보다 크다] 블록에 붙여 넣습니다.

⑧ 이벤트 : 새 메시지로 [걷기]를 만들고 [걷기을(를) 보내기] 블록을 가져옵니다.

⑨ 조명 : [모든 LED 초록색 색상 50% 밝기로 켜기] 블록을 가져옵니다.

⑩ 제어 : [0.6초 기다리기] 블록을 가져옵니다.

⑪ 조명 : [모든 LED 끄기] 블록을 가져옵니다.

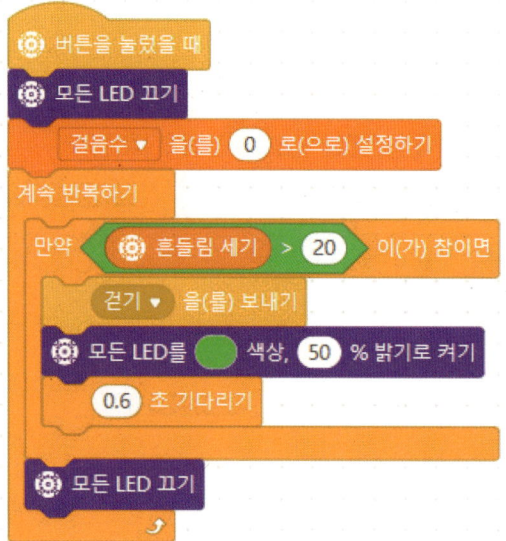

⑫ 판다 스프라이트를 선택합니다.

⑬ 제어 : [걷기을(를) 받았을 때] 블록을 가져옵니다.

⑭ 동작 : [20만큼 움직이기] 블록을 가져옵니다.

⑮ 형태 : [다음 모양으로 바꾸기] 블록을 가져옵니다.

⑯ 동작 : [벽에 닿으면 튕기기] 블록을 가져옵니다.

⑰ 동작 : [회전 방식을 왼쪽-오른쪽(으)로 정하기] 블록을 가져옵니다.

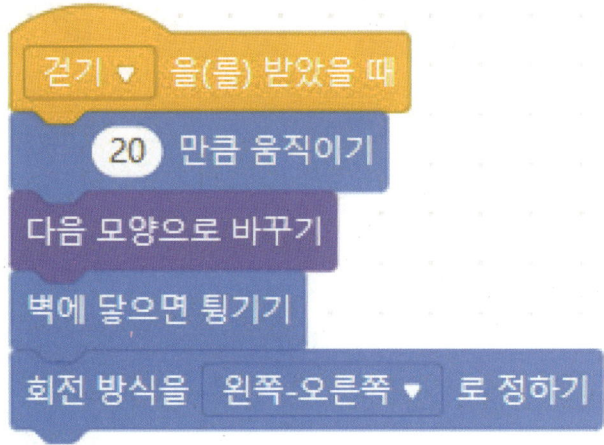

⑱ 변수 : [걸음수을(를) 1만큼 변경하기] 블록을 가져옵니다.

⑲ 배경 탭을 선택하고 Camp2 배경을 선택하여 가져옵니다.

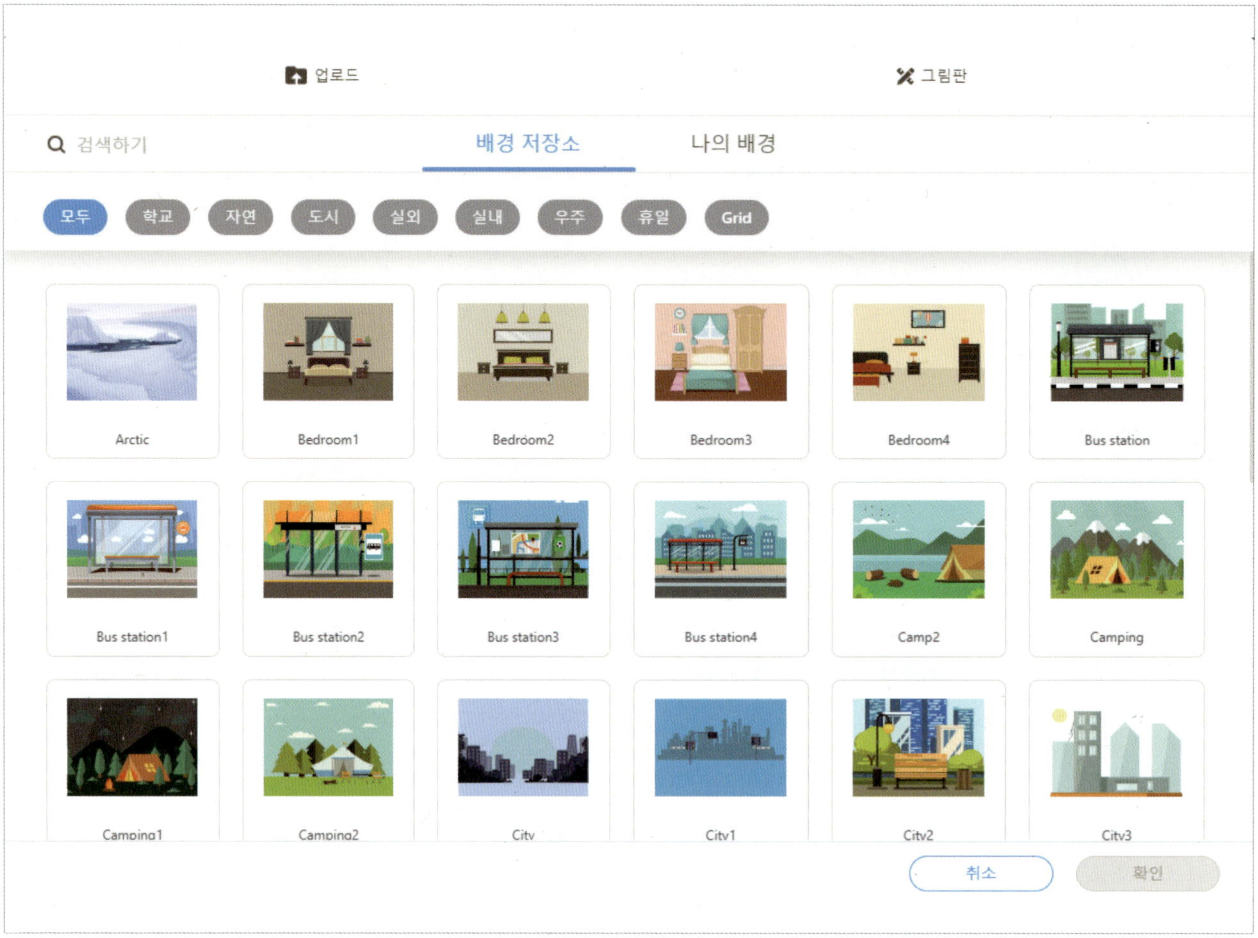

실행하고 할로코드를 흔들어서 결과를 확인해 봅니다.

실습 내용 정리

이번 실습을 통해 여러분은 할로코드의 모션 센서를 활용하여 실시간으로 사용자의 걸음수를 측정하는 만보기를 만들어 보았습니다. 실제로 활동이 잘 이루어졌는지 점검을 해보세요.

1. 만보기 만들기 프로젝트

- mBlock5 앱과 할로코드를 활용하여 실시간으로 걸음수를 측정하는 만보기를 제작했습니다.
- 모션 센서를 이용해 걸음수를 측정하는 방법을 배우고, 이를 블록 코딩으로 구현했습니다.

2. 만보기의 코딩 과정

- 할로코드에 모션 센서를 추가하고, 흔들림 감지를 통해 걸음수를 측정하는 로직을 설계했습니다.
- 흔들림 강도가 일정 수준 이상일 때 걸음으로 인식하고, 이를 걸음수 변수에 반영했습니다.
- 판다 스프라이트가 걸음수에 따라 움직이도록 코딩했으며, 벽에 닿으면 튕기는 동작을 추가했습니다.

3. 실습 실행 및 관찰

- 프로그램 실행 후 할로코드를 흔들어서 만보기가 정확하게 걸음수를 측정하는지 확인했습니다.
- 걸음수에 따라 LED 색상이 변하고, 판다 스프라이트가 움직이는 것을 관찰했습니다.

탐색하기

1. 만보기 개선 아이디어

만보기의 정확도를 높일 수 있는 방법에 대해 탐구합니다. 더 정교한 센서 데이터 처리 방법을 고안해 봅니다.

2. 코딩과 건강

만보기 프로젝트를 확장하여 건강 관리 앱으로 발전시킬 수 있는 방법을 생각해 봅시다.

3. 모험 기록

만보기 프로젝트를 통해 어떤 창의적인 아이디어가 떠올랐는지 공유하고, 만보기 디자인과 구현 과정에서 배운 점을 이야기해 봅시다.

CHAPTER

19 디지털 풍선 불기

학습 목표
1. mBlock5 앱을 사용하여 디지털 풍선 불기 게임을 모델링할 수 있습니다.
2. 마이크 센서를 이용하여 풍선을 불어서 키우는 메커니즘을 구현할 수 있습니다.
3. 창의적인 코딩 프로젝트를 통해 문제 해결 능력과 창의적 사고를 개발할 수 있습니다.

모험 준비

이번 챕터에서는 mBlock5 앱과 할로코드의 마이크를 활용하여 자신만의 디지털 풍선 불기 게임을 만들어 보겠습니다. 이 프로젝트를 통해 마이크 입력을 어떻게 게임 내에서 활용할 수 있는지 배워 보겠습니다. 그리고 이 모든 과제를 수행하면서 창의적인 코딩 프로젝트의 흥미로운 세계를 체험해 보겠습니다.

디지털 풍선 불기 게임은 단순한 불기 게임이 아닙니다. 이것은 코딩의 마법을 담은 재미있는 게임입니다. mBlock5 앱을 열어 할로코드와 함께 블록들을 쌓아 보며 이 신기한 게임을 만들어 봅시다. 플레이어는 어떻게 풍선을 불 수 있을까요? 풍선은 어떻게 커지고 터질까요? 이 모든 질문의 답을 찾아가며 코딩의 재미를 느껴 보기 바랍니다.

풍선 불기 게임이 활성화되는 순간 우리는 할로코드의 신비로운 세계에 빠져들게 됩니다. 이제, 신기한 코딩 모험을 통해 창의력과 문제 해결 능력을 키우는 여정을 시작해 봅시다!

모험 과제

1. 게임 디자인하기

자신만의 풍선 불기 게임을 디자인합니다. 게임의 규칙과 로직을 생각해 보며, 팀으로 나누어 작업합니다.

2. 풍선 불기 게임 모델링 프로젝트

mBlock5 앱을 사용하여 풍선 불기 게임의 모델링을 시작합니다. 블록 코딩으로 게임의 로직을 구현할 계획을 세웁니다.

3. 코드 설명 및 실습

풍선이 커지고 터지는 원리를 이해하고, 실제 만들어 봅니다.

실습 예제 프로그램

① 이벤트 : 블록을 가져옵니다.

② 변수 : [변수 만들기]를 사용하여 '풍선' 변수를 생성합니다.

③ 제어 : 블록을 가져옵니다.

④ 변수 :  블록을 가져옵니다.

⑤ 감지 : 마이크 음량 블록을 가져와서 풍선을(를) 0 로(으로) 설정하기 블록에 넣어 줍니다.

⑥ 제어 : 만약 이(가) 참이면 블록을 가져옵니다.

⑦ 연산 : ◯ > 30 블록을 가져옵니다.

⑧ 감지:  블록을 가져와서 '30보다 크다'에 넣어 줍니다.

마이크 음량 > 30

⑨ 조명 : 전체 LED의 마이크 음량 % 를 켜기 블록을 가져와서 마이크 음량 블록을 넣어 줍니다.

⑩ 이벤트 : 키우기 을(를) 보내기 블록을 가져와서 '키우기' 메시지를 만들어 줍니다. [만약] 블록을 복사하여 붙입니다.

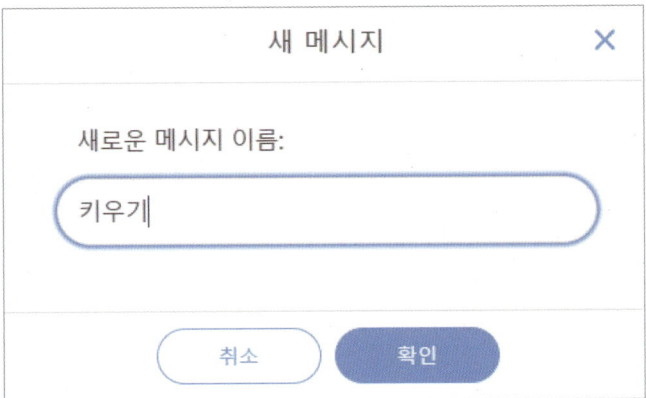

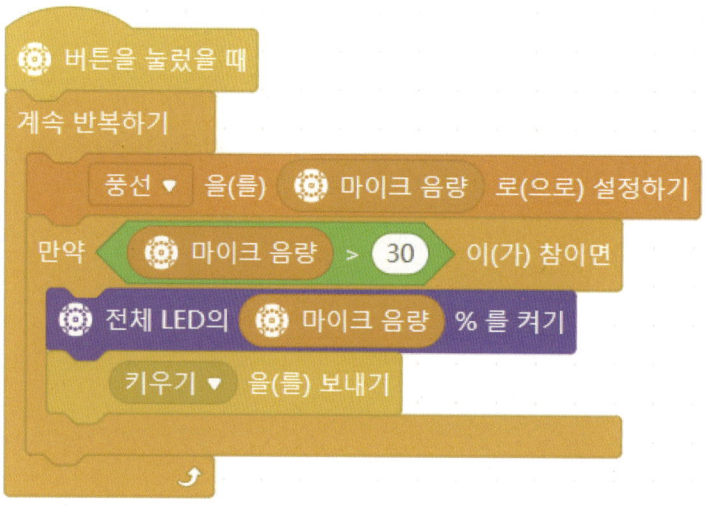

⑪ 이벤트 : [줄이기 을(를) 보내기] 블록을 가져와서 '줄이기' 메시지를 만들어 줍니다. [만약] 블록을 복사합니다.

⑫ [마이크 음량] 블록을 오른쪽 연산에 넣어 줍니다. 메시지를 '줄이기'로 변경해 줍니다.

⑬ 스프라이트를 선택하고 추가를 선택합니다. balloon을 검색해서 풍선을 선택합니다.

⑭ 이벤트 : 클릭했을 때 블록을 가져옵니다.

⑮ 형태 : 크기를 100 % 로 정하기 블록을 가져옵니다.

⑯ 이벤트 : 키우기 을(를) 받았을 때 블록을 가져옵니다.

⑰ 제어 : 만약 이(가) 참이면 블록을 가져옵니다.

⑱ 변수 : 풍선 블록을 가져옵니다.

⑲ 연산 : 0 > 40 블록을 가져와서 변수 풍선을 넣어 줍니다.

⑳ 형태 :  블록을 가져옵니다.

㉑ 복사를 해서 '줄이기을(를) 받았을 때'로 수정합니다. '40보다 작다'로 수정합니다. '크기를 -10만큼 바꾸기'로 수정합니다.

🚩을 클릭하여 실행 결과를 확인합니다.

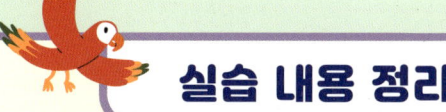

실습 내용 정리

mBlock5 앱과 할로코드의 마이크를 활용하여 자신만의 디지털 풍선 불기 게임을 만들었습니다. 이 프로젝트를 통해 여러분은 블록 코딩을 사용하여 마이크 입력을 게임 내에서 어떻게 활용할 수 있는지 배웠습니다. 실제로 활동이 잘 이루어졌는지 점검을 해보세요.

1. 게임 디자인 과정

✅ 자신만의 독창적인 풍선 불기 게임을 디자인했습니다. 이 과정에서 게임의 규칙과 로직을 설정하며, 팀으로 나누어 협력했습니다.

2. 풍선 불기 게임 모델링

✅ mBlock5 앱을 사용하여 게임의 기본 구조를 모델링했습니다. 이를 통해 블록 코딩으로 게임 로직을 구현하는 방법을 배웠습니다.

3. 블록 코딩 실습과 할로코드 프로그래밍

✅ 이벤트, 변수, 제어, 감지, 조명, 스프라이트 등 다양한 블록을 사용하여 풍선 불기 게임을 구현했습니다.

✅ [버튼을 눌렀을 때] 이벤트와 [마이크 음량] 감지를 활용하여 마이크 입력에 따라 풍선이 커지고 줄어드는 메커니즘을 만들었습니다.

✅ 스프라이트를 추가하고 풍선의 크기를 조절하는 로직을 구현하여, 게임의 시각적 요소를 완성했습니다.

4. 실행 결과 테스트

✅ 프로젝트 완성 후, 깃발 클릭을 통해 게임을 실행하여 결과를 확인했습니다. 이 과정에서 코딩을 통한 창의적 표현과 문제 해결 능력을 키웠습니다.

탐색하기

1. 게임 개선 아이디어

자신의 풍선 불기 게임을 더 발전시켜 보세요. 더 다양한 기능을 추가하거나 사용자 인터페이스를 개선해 보세요.

_____

_____

_____

2. 코딩과 게임

코딩을 통해 게임을 만드는 것은 어떤 장점이 있을까요? 코딩과 게임 디자인의 상호 작용에 대해 탐색해 보세요.

_____

_____

_____

3. 모험 기록

풍선 불기 게임 모델링 프로젝트를 통해 어떤 창의적인 아이디어가 떠올랐나요? 코딩을 통해 어떤 문제 해결 기술을 배웠나요?

_____

_____

CHAPTER 20
와이파이로 세상과 연결하기

학습 목표
1. 와이파이 기능의 작동 원리를 이해합니다.
2. mBlock5 앱을 이용하여 와이파이를 활용하여 데이터를 전송하는 프로젝트를 만들 수 있습니다.
3. 코딩을 통해 와이파이를 활용하여 정보를 주고받는 능력을 키웁니다.

모험 준비

이번 챕터에서는 와이파이를 활용하여 세상과 연결되는 경험을 합니다. 와이파이를 이용하면 인터넷을 통해 데이터를 주고받을 수 있으며, 다양한 프로젝트를 구현할 수 있습니다.

모험 과제

1 와이파이 기능 소개

1 할로코드의 와이파이 기능이란?

와이파이는 우리가 인터넷에 연결할 수 있게 도와주는 무선 연결 방식이에요. 할로코드에도 이 와이파이 기능이 있어서 인터넷을 통해 다양한 정보를 주고받을 수 있어요. 그럼 이 와이파이가 어떻게 작동하는지, 그리고 할로코드에서는 어떻게 활용되는지 알아볼까요?

2 와이파이는 어떻게 '인터넷'에 연결해주는 걸까요?

와이파이는 마치 우리가 편지를 주고받는 것과 비슷해요. 우리 집의 와이파이 모뎀(또는 공유기)는 큰 우체국 같아요. 할로코드가 편지(데이터)를 보내고 싶을 때, 이 우체국(와이파이 모뎀)을 통해 다른 친구들이나 컴퓨터에게 편지를 보낼 수 있어요.

3 할로코드의 와이파이 기능으로 무엇을 할 수 있을까요?

할로코드는 와이파이를 통해 인터넷에서 날씨 정보를 가져와서, 오늘 비가 올지 눈이 올지 알려줄 수 있어요. 할로코드와 친구의 할로코드를 인터넷을 통해 연결해서, 서로 메시지를 주고받을 수도 있어요. 또, 할로코드를 원격으로 제어하는 것도 가능해요. 집에 없을 때도 인터넷을 통해 할로코드에게 명령을 내릴 수 있답니다!

결론적으로, 할로코드의 와이파이 기능은 인터넷 세상과 연결해주는 마법의 문 같아요. 이 문을 통해 할로코드는 다양한 정보를 가져오거나 멀리 있는 친구와 소통할 수 있어요!

2 와이파이로 네트워크에 연결하기

1. mBlock5 앱을 이용하여 와이파이를 활용하여 데이터를 전송하는 프로젝트를 만듭니다.
2. 예제: 와이파이로 무선 네트워크에 연결하여 반응하는 프로젝트

3 코드 설명 및 실습

태블릿에서 모드 위치를 업로드로 변경해 줍니다.

이벤트 : 버튼을 눌렀을 때 블록을 가져옵니다.

와이파이 : 와이파이 이름 ssid 비밀번호 password 에 연결하기 블록을 가져옵니다.

버튼을 눌렀을 때
와이파이 이름 happy 비밀번호 01234567 에 연결하기

✱ 와이파이 연결하기

먼저, 할로코드를 와이파이에 연결해야 합니다. 어떻게 하느냐구요? 그럼 함께 알아볼게요!

1. **이름 입력하기**
   현재 사용 중인 와이파이 네트워크의 이름을 입력해 주세요.

2. **비밀번호 입력하기**
   현재 사용하고 있는 와이파이의 비밀번호를 입력하면 됩니다.

실습 예제 프로그램

① 제어 : `이(가) 참일 때까지 기다리기` 블록을 가져옵니다.

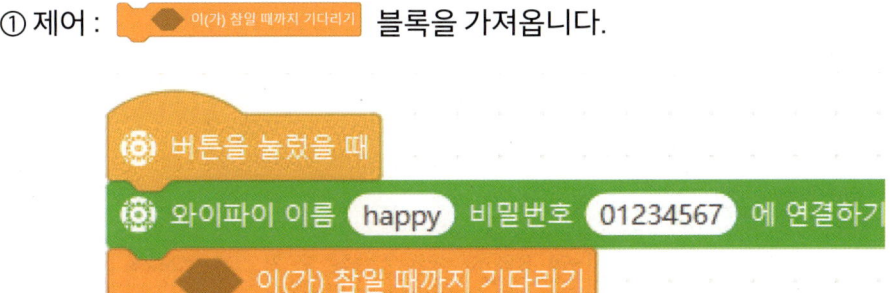

② `와이파이에 연결되었나요?` 블록을 가져와서 `이(가) 참일 때까지 기다리기` 블록의 조건에 붙여 넣습니다.

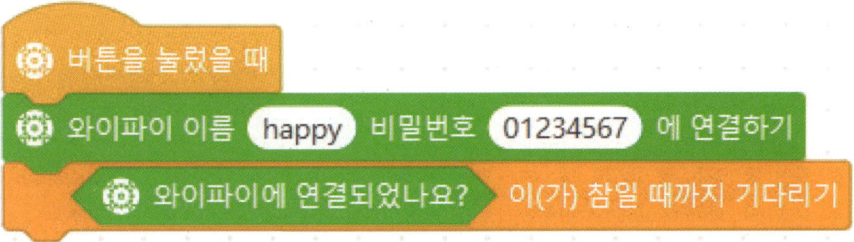

③ 조명 : `LED에 무지개 애니메이션을 끝까지 출력하기` 블록을 가져와서 아래에 붙입니다.

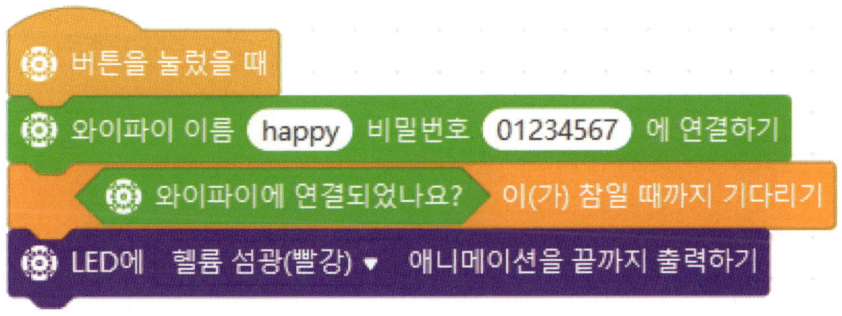

애니메이션을 헬륨 섬광(빨강)으로 변경해 줍니다. 와이파이에 정상적으로 연결이 되면 헬륨 섬광이 켜집니다.

④ 와이파이 : 블록을 가져와서 아래에 붙입니다.

⑤ 와이파이 : 블록을 가져옵니다.

⑥ 조명 : 블록을 가져와서 블록 아래에 붙입니다.

동일한 와이파이 네트워크에 연결된 할로코드는 메시지를 주고받을 수 있습니다.

첫 번째 블록에서 블록을 블록으로 교체하고, 값을 '50'으로 변경합니다.

두 번째 블록에서 ![블록] 블록을 가져와서 ![블록] 블록의 값에 넣어 줍니다.

![블록 이미지]

![플래그] 을 눌러 결과를 확인해 봅니다.

실행하여 와이파이가 연결되면 헬륨 불을 켠 후 값을 보내고, 보내준 값의 퍼센트로 전체 LED 50%가 불이 들어옵니다.

* **주의사항**

이 교재에서 보여주는 와이파이 이름과 비밀번호는 저자가 사용하는 것으로, 여러분이 실습을 할 때는 자신의 환경에 맞는 와이파이 이름과 비밀번호를 입력해야 합니다. 잘못 입력하면 연결이 안 되니 주의해 주세요!

실습 내용 정리

이번 실습에서는 와이파이를 활용해 데이터를 전송하는 기본적인 방법과 원리에 대해 알아보았습니다. 할로코드 센서보드를 이용하여 와이파이 네트워크에 접속하고 데이터를 전송하는 과정을 진행했습니다. 이를 통해 네트워크를 통한 데이터의 송수신이 어떻게 이루어지는지 이해할 수 있었습니다. 실제로 활동이 잘 이루어졌는지 점검을 해보세요.

1. 와이파이 연결

- 처음으로 할로코드 센서보드를 와이파이 네트워크에 연결했습니다. 와이파이 네트워크의 이름과 비밀번호를 입력하여 센서보드와 네트워크를 연결할 수 있었습니다. 이 단계에서는 네트워크 접속의 기본적인 방법을 배웠습니다.

2. 데이터 전송

- 와이파이 연결이 성공적으로 이루어진 후에는 데이터를 전송하는 단계로 넘어갔습니다. 할로코드 센서보드에서 데이터를 생성하여 와이파이 네트워크를 통해 전송했고, 이를 통해 데이터 송수신의 기본적인 원리를 배웠습니다.

3. LED 애니메이션 제어

- 데이터 전송이 성공적으로 이루어지면, 전송받은 데이터를 기반으로 LED 애니메이션의 헬륨 섬광을 제어했습니다. 데이터의 값에 따라 LED의 밝기가 변경되는 것을 확인할 수 있었고, 이를 통해 데이터를 활용하여 물리적인 장치를 제어하는 방법을 배웠습니다.

4. 메시지 교환

- 동일한 와이파이 네트워크에 연결된 다른 할로코드 센서보드와 메시지를 교환하는 방법을 알아보았습니다. 데이터를 송수신하는 과정에서 네트워크 통신의 중요성과 활용 방법에 대해 배울 수 있었습니다.

탐색하기

1. 데이터 전송 프로젝트 확장하기

와이파이를 활용한 데이터 전송 프로젝트를 더 발전시켜 보세요. 더 복잡한 데이터를 주고받거나 다른 기능을 추가해 보세요.

```
_____
_____
_____
```

2. 와이파이 활용 아이디어

와이파이를 활용하여 어떤 유용한 서비스나 시스템을 만들 수 있을지 고민해 보세요. 새로운 아이디어를 고안해 보세요.

```
_____
_____
_____
```

3. 모험 기록

와이파이를 활용한 프로젝트를 만들면서 무엇을 배웠나요? 와이파이를 통해 데이터를 주고받는 것에 대해 어떤 생각이 들었나요?

```
_____
_____
```

CHAPTER 21 LAN으로 더 빠르게 연결하기

학습 목표
1. LAN 기능의 작동 원리를 이해합니다.
2. mBlock5 앱을 이용하여 LAN을 활용하여 데이터를 전송하는 프로젝트를 만들 수 있습니다.
3. 코딩을 통해 LAN을 활용하여 데이터를 주고받는 능력을 키웁니다.

모험 준비

이번 챕터에서는 LAN(Local Area Network)을 통해 빠르게 데이터를 주고받는 경험을 합니다. LAN은 지역 네트워크를 의미하며, 가정이나 학교 등 제한된 지역 내에서 데이터를 전송할 수 있습니다.

모험 과제

1 LAN에서의 특별한 친구들: 루트와 노드

LAN 안에서는 할로코드가 두 가지 역할을 할 수 있습니다. 그 역할은 '루트'와 '노드'라는 이름으로 불립니다. 이 두 친구가 어떤 일을 하는지 함께 알아보겠습니다.

1 루트 (Root)

루트는 마치 편지를 보내는 사람처럼 다른 친구들에게 메시지를 보내줍니다. 그런데 루트는 편지를 보낼 수만 있습니다. 다른 친구들로부터 편지를 받을 수는 없습니다. 또, 자기 자신에게 편지를 보내는 것도 할 수 없습니다.

2 노드 (Node)

노드는 편지를 받는 친구와 같습니다. 루트가 보내준 편지를 받을 수 있습니다. 그런데 노드는 편지를 받기만 하고, 다른 친구들에게 편지를 보낼 수는 없습니다.

이제 어떤 친구가 편지를 보내고, 어떤 친구가 편지를 받는 역할을 하는지 알게 되었죠? 이렇게 서로 다른 역할을 가진 할로코드 친구들이 LAN에서 함께 일을 합니다.

할로코드와 함께하는 코딩모험

❷ LAN으로 데이터 전송하기

1 mBlock5 앱을 이용하여 LAN을 활용하여 데이터를 전송하는 프로젝트를 만듭니다.
2 예제: LAN을 통해 2개의 디바이스 간에 메시지를 전송하는 프로젝트

❸ 코드 설명 및 실습

이번 프로젝트에서는 mBlock5 앱을 이용하여 LAN을 활용하여 데이터를 전송하는 프로젝트를 진행해 볼 것입니다. 2개의 디바이스, 하나는 루트 또 다른 하나는 노드로 설정하여 LAN을 통해 메시지를 전송하고 받아 보겠습니다.

실습 예제 프로그램 ○○○○○○○○○○○○○○○○○○○

루트 할로코드 프로그램

① 이벤트 : 〔클릭했을 때〕 블록을 가져옵니다.

② 네트워크 : 〔이름이 mesh1 인 LAN을 만들기〕 블록을 가져옵니다.

③ 제어 : 〔계속 반복하기〕 블록을 가져옵니다.

④ 네트워크 : 〔message 을(를) 값 1 와(과) 함께 LAN으로 보내기〕 블록을 사용하여 값을 전송합니다.

⑤ 제어 : 〔2 초 기다리기〕 블록을 사용합니다.

✱ 루트 할로코드

루트 할로코드는 프로그램이 시작되면 LAN을 만들어서 루트 모드로 시작합니다. [계속 반복하기] 블록 내에서 루트 디바이스는 메시지와 함께 '1'라는 값을 LAN을 통해 전송합니다. 이 작업은 2초마다 반복됩니다.

노드 할로코드 프로그램

① 이벤트 :  블록을 가져옵니다.

② LAN : 이름이 mesh1 인 LAN에 참여하기 블록을 가져옵니다.

③ 이벤트 : LAN에서 message 을(를) 받았을 때 블록을 가져옵니다.

④ 조명 : 1 번 LED를 R 255 G 0 B 0 색상으로 켜기 블록을 가져옵니다.

⑤ LAN : LAN에서 메시지 message 와(과) 함께 받은 값 블록을 LED 블록 1번 값에 붙여 넣습니다.

✱ 노드 할로코드

노드 할로코드는 프로그램이 시작되면 LAN에 참여하여 노드 모드로 시작합니다. 노드 할로코드는 LAN에서 메시지를 받으면 이 값을 LED 블록에 입력합니다. 입력된 값에 해당하는 LED를 켭니다.

실습 내용 정리

이번 실습에서는 LAN(Local Area Network)을 통해 데이터를 빠르게 주고받는 방법을 배웠습니다. LAN을 활용하여 2개의 디바이스 간에 데이터를 전송하는 프로젝트를 만들었습니다. 실제로 활동이 잘 이루어졌는지 점검을 해보세요.

1. LAN에서의 특별한 친구들: 루트와 노드

- 루트(Root)는 메시지를 보내는 역할을 하며, 노드(Node)는 메시지를 받는 역할을 하는 것을 이해했습니다.

2. LAN으로 데이터 전송하기

- mBlock5 앱을 이용하여 LAN을 활용한 데이터 전송 프로젝트를 만들었습니다.
- 예제로, LAN을 통해 2개의 디바이스 간에 메시지를 전송하는 프로젝트를 구현했습니다.

3. 코드 설명 및 실습

- 루트 할로코드 프로그램은 LAN을 생성하고, 정기적으로 메시지와 값을 전송합니다.
- 노드 할로코드 프로그램은 LAN에 참여하여 메시지를 받고, 해당 메시지에 따라 LED를 켜는 동작을 합니다.
- 이 프로젝트를 통해 LAN을 활용하여 데이터를 주고받는 방법을 실습했습니다.

탐색하기

1. LAN 데이터 전송 프로젝트 확장하기

LAN을 활용한 데이터 전송 프로젝트를 더 발전시켜 보세요. 더 복잡한 데이터나 값을 주고받거나 다른 기능을 추가해 보세요.

2. LAN 활용 아이디어

LAN을 활용하여 어떤 유용한 서비스나 시스템을 만들 수 있을지 고민해 보세요. 새로운 아이디어를 고안해 보세요.

3. 모험 기록

LAN을 활용한 프로젝트를 만들면서 무엇을 배웠나요? LAN을 통해 데이터를 주고받는 것에 대해 어떤 생각이 들었나요?

CHAPTER 22
LAN에서 데이터 보내고 받기

학습 목표
1. 데이터 전송의 기초를 이해합니다.
2. mBlock5 앱을 이용하여 데이터를 보내고 받는 프로젝트를 만들 수 있습니다.
3. 코딩을 통해 데이터를 주고받는 능력을 키울 수 있습니다.

모험 준비

이번 챕터에서는 데이터를 주고받는 방법과 원리를 학습합니다. 데이터 전송은 현대 사회에서 매우 중요한 역할을 하며, 코딩을 통해 이를 이해하고 활용하는 능력을 키웁니다.

모험 과제

1. 데이터 전송의 기초

데이터 전송이란, 한 컴퓨터나 태블릿에서 다른 컴퓨터나 태블릿으로 정보를 보내는 것을 말합니다. 이렇게 정보를 보내는 방법에는 크게 두 가지가 있습니다. 하나는 케이블로 직접 연결하는 '유선 방식'이고, 다른 하나는 전파나 빛을 이용해서 '무선 방식'으로 연결하는 것입니다. 유선 방식의 예로는 USB 케이블이나 랜선을 이용하는 것이 있고, 무선 방식의 예로는 블루투스나 와이파이를 이용하는 것이 있습니다.

데이터 전송은 한쪽에서만 다른 쪽으로 정보를 보내는 '단방향 전송'과 양쪽에서 서로 정보를 주고받을 수 있는 '양방향 전송'으로 나눠 볼 수 있습니다. 단방향 전송은 한 방향으로만 정보를 보내고, 양방향 전송은 서로 정보를 주고받을 수 있다는 뜻입니다. 그런데 정보를 보낼 때는 '송신 장치'가 필요하고, 정보를 받을 때는 '수신 장치'가 필요합니다. 그리고 정보를 보내다 보면 오류가 생길 수 있는데, 이런 오류를 찾아내고 고치는 여러 가지 기술도 있습니다.

2 데이터를 보내고 받기

mBlock5 앱을 이용해서 데이터를 보내고 받는 프로젝트를 만들어 보겠습니다. 예를 들어, 두 디바이스를 이용해서 텍스트 메시지를 주고받는 프로젝트를 만들어 봅시다.

모험 과제를 통해서, 우리는 데이터 전송의 기본적인 원리를 이해하고, 직접 mBlock5 앱을 사용해서 데이터를 보내고 받는 프로젝트를 만들어 볼 것입니다. 이렇게 두 디바이스 간에 어떻게 메시지를 주고받을 수 있는지 배우고, 실제로 그렇게 해보면 이 과정이 더 재미있어질 것입니다.

3 코드 설명 및 실습

1 할로코드 A

- 프로그램이 시작되면 LAN을 만들고, [메시지]라는 이름의 변수를 만들어서 '안녕하세요!'로 설정합니다.
- [LAN에서 메시지 보내기] 블록을 사용하여 할로코드 B에게 메시지를 전송합니다.

2 할로코드 B

- 할로코드 B는 [LAN에서 메시지를 받았을 때] 이벤트를 사용하여 할로코드 A로부터 메시지를 받습니다.
- 받은 메시지를 판다 스프라이트에서 [말하기] 블록을 사용하여 화면에 출력합니다.

실습 예제 프로그램

할로코드 A (메시지 보내기)

① 모드 변경 : 업로드 모드로 변경합니다.

② 이벤트 : [Halocode가 켜졌을 때] 블록을 가져옵니다.

③ 조명 : [모든 LED를 ● 색상으로 켜기] 블록의 색상을 파랑색으로 변경합니다.

④ 제어: [1 초 기다리기] 블록을 끌어다가 [모든 LED를 ● 색상으로 켜기] 블록 아래에 붙입니다.

⑤ LAN : 이름이 mesh1 인 LAN을 만들기 블록을 가져옵니다.

⑥ 변수 : 변수 만들기 블록을 사용하여 [메시지] 변수를 생성합니다.

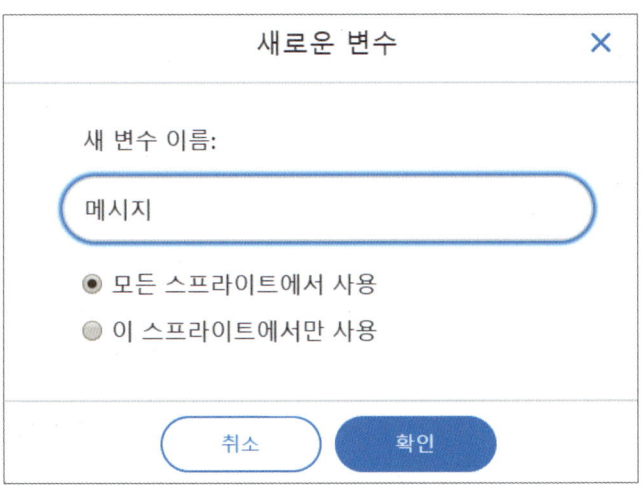 

⑦ 데이터 : [메시지] 변수를 '안녕하세요'로 설정하고 메시지 을(를) 안녕하세요 로(으로) 설정하기 블록을 가져옵니다.

⑧ 조명 : 모든 LED를 색상으로 켜기 블록을 가져옵니다.

⑨ 네트워크 : message 을(를) 값 1 와(과) 함께 LAN으로 보내기 블록을 사용하여 값을 전송합니다.

⑩ 제어 : 2 초 기다리기 블록을 가져옵니다.

⑪ 조명 : [모든 LED 끄기]를 가져옵니다.

⑫ 제어 : 2 초 기다리기 블록을 가져옵니다.

⑬ 변수 : 메시지 블록을 값 '1'에 붙여 넣습니다.

할로코드 B (메시지 받기)

① 이벤트 : 버튼을 눌렀을 때 블록을 가져옵니다.

② 조명 : 모든 LED를 색상으로 켜기 블록을 가져옵니다.

③ LAN : 이름이 mesh1 인 LAN에 참여하기 블록을 가져옵니다.

④ 제어 : 1 초 기다리기 블록을 끌어다가 이름이 mesh1 인 LAN에 참여하기 블록 아래에 붙입니다.

⑤ 조명 : 모든 LED 끄기 블록을 가져옵니다.

⑥ LAN :  블록을 가져옵니다.

⑦ 변수 : 변수 만들기 블록을 사용하여 [메시지 받기] 변수를 생성합니다.

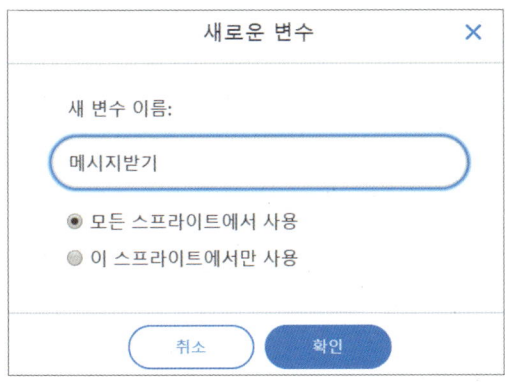 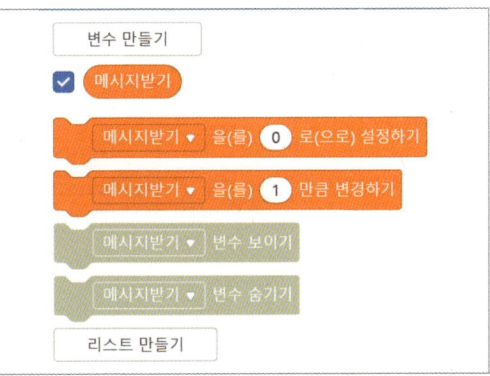

⑧ 변수 : 메시지받기 변수를 가져옵니다.

⑨ 제어 : 계속 반복하기 블록을 가져옵니다.

⑩ 조명 : 모든 LED를 색상으로 켜기 블록을 가져옵니다.

⑪ 변수 : 메시지받기 을(를) 0 로(으로) 설정하기 블록을 가져옵니다.

⑫ 네트워크 : LAN에서 메시지 message 와(과) 함께 받은 값 블록을 가져와서 '0'에 넣습니다.

⑬ 제어: 1 초 기다리기 블록을 가져옵니다.

⑭ 조명: 모든 LED 끄기 블록을 가져옵니다.

⑮ 스프라이트에서 판다를 선택합니다.

⑯ 이벤트 : 클릭했을 때 블록을 가져옵니다.

⑰ 제어 : 계속 반복하기 블록을 가져옵니다.

⑱ 형태 : 안녕! 을(를) 2 초 동안 말하기 블록을 가져옵니다.

⑲ 변수 : 메시지받기 변수를 가져와서 안녕! 을(를) 2 초 동안 말하기 블록의 '안녕!' 자리에 넣습니다.

버튼을 누르기 전 실행 결과   버튼을 누른 후 실행 결과

여러분은 이러한 프로젝트를 통해 데이터 전송의 기초를 이해하고, 실제로 데이터를 보내고 받는 과정을 경험해 보았습니다. 디바이스 A와 디바이스 B 간의 통신을 통해 어떻게 메시지가 전송되고 받아지는지 확인해 보세요. 또한, [메시지] 변수의 내용을 변경하여 다양한 메시지를 전송해 보고, 이를 디바이스 B에서 제대로 받아지는지 확인해 보세요.

할로코드와 함께하는 코딩모험

완성된 프로그램

할로코드 A

할로코드 B

할로코드 B

스프라이트 판다

버튼을 누르기 전 실행 결과

버튼을 누른 후 실행 결과

실습 내용 정리

이번 실습에서는 LAN(Local Area Network)을 통해 데이터를 보내고 받는 방법을 배웠습니다. 이를 통해 데이터 전송의 기초를 이해하고, mBlock5 앱을 활용하여 데이터 전송 프로젝트를 만들었습니다. 실제로 활동이 잘 이루어졌는지 점검을 해보세요.

1. 데이터 전송의 기초

- 데이터 전송의 기본 원리를 이해했습니다. 유선 방식과 무선 방식을 통한 데이터 전송 방법과 단방향 및 양방향 전송의 개념을 배웠습니다.

2. 데이터를 보내고 받기

- mBlock5 앱을 사용하여 두 디바이스 간 텍스트 메시지를 전송하는 프로젝트를 구현했습니다.

3. 코드 설명 및 실습

- 할로코드 A(송신기)는 LAN을 만들고 정기적으로 메시지를 전송했습니다.
- 할로코드 B(수신기)는 LAN에 참여하여 할로코드 A로부터 메시지를 받고, 스프라이트 판다가 메시지를 화면에 표시하는 방식으로 구현했습니다.
- 두 디바이스 간의 통신을 통해 메시지가 어떻게 전송되고 받아지는지 확인했습니다.

탐색하기

1. 데이터 전송 프로젝트 확장하기

데이터 전송 프로젝트를 더 발전시켜 보세요. 더 복잡한 데이터를 주고받거나 다른 기능을 추가해 보세요.

2. 데이터의 중요성

현대 사회에서 데이터가 얼마나 중요한 역할을 하는지 조사해 보세요. 데이터와 관련된 흥미로운 사례를 찾아보세요.

3. 모험 기록

데이터를 주고받는 프로젝트를 만들면서 무엇을 배웠나요? 데이터 전송과 관련된 어떤 경험이나 이야기를 나눠 보세요.

CHAPTER 23
모션 센서로 술래잡기 게임 만들기 1

학습 목표
1. mBlock5 앱을 사용하여 술래잡기 게임을 모델링할 수 있습니다.
2. 블록 코딩을 활용하여 술래잡기 게임의 로직을 구현할 수 있습니다.
3. 창의적인 코딩 프로젝트를 통해 문제 해결 능력과 팀워크 능력을 기를 수 있습니다.

모험 준비

이번 챕터에서 만나게 될 모험은 바로, 디지털 술래잡기 게임을 만드는 것입니다. mBlock5 앱과 할로코드의 모션 센서를 활용해 실시간으로 플레이어의 움직임을 감지하고 게임 로직을 구현해 보겠습니다.

이 프로젝트를 통해 실제 움직임을 어떻게 감지하고, 게임 내에서 어떻게 반영할 수 있는지 배워 보겠습니다. 그리고 이 모든 과정을 수행하면서 창의적인 코딩 프로젝트의 흥미로운 세계를 체험해 보겠습니다.

디지털 술래잡기는 실제 움직임을 감지하여 게임을 진행하는 신기한 게임입니다. mBlock5 앱을 열어 할로코드와 함께 블록들을 쌓아 보며 이 신기한 게임을 만들어 봅시다. 플레이어는 어떻게 움직일 수 있을까요? 술래는 어떻게 플레이어를 잡을 수 있을까요?

이 모든 질문의 답을 찾아가며 코딩의 재미를 느껴 보기 바랍니다.

모험 과제

1 게임 디자인하기

1. 자신만의 술래잡기 게임을 디자인합니다.
2. 게임의 규칙과 로직을 생각해 보며 작업합니다.

• 할로코드와 함께하는 코딩모험

2 술래잡기 게임 모델링 프로젝트

1 mBlock5 앱을 사용하여 술래잡기 게임의 모델링을 시작합니다.

2 블록 코딩으로 게임의 로직을 구현할 계획을 세웁니다.

3 술래잡기 게임 코딩 실습

실시간으로 플레이어의 움직임을 감지하고 게임 로직을 구현하는 원리를 이해하고, 실제 만들어 봅니다.

실습 예제 프로그램

① 이벤트 : `클릭했을 때` 블록을 가져옵니다.

② 이벤트 : `메시지1 ▼ 을(를) 보내기` 블록을 가져옵니다. [새 메시지]를 누르고 '게임 시작'을 만들어 줍니다.

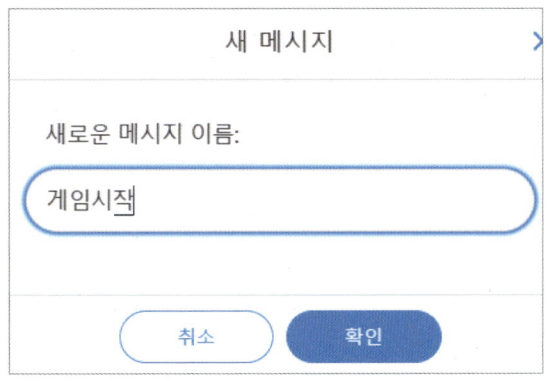

③ 제어 : 실행 시 반복해서 체크할 수 있게  블록을 붙여 줍니다.

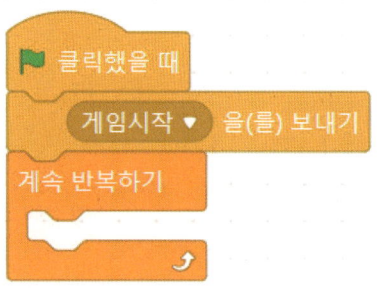

④ 제어:  블록을 가져옵니다.

⑤ 연산 : ⬭ > 30 블록을 가져옵니다.

⑥ 감지 : 모션 센서의 롤° 각도(°) 블록을 가져와서 ⬭ > 30 블록에 넣어 줍니다.

모션 센서의 롤° 각도(°) > 30

⑦ 완성된 조건을  블록 조건에 넣어 줍니다.

⑧ 이벤트 :  블록을 가져와서, [새 메시지]를 '오른쪽 이동'으로 만들어 줍니다.

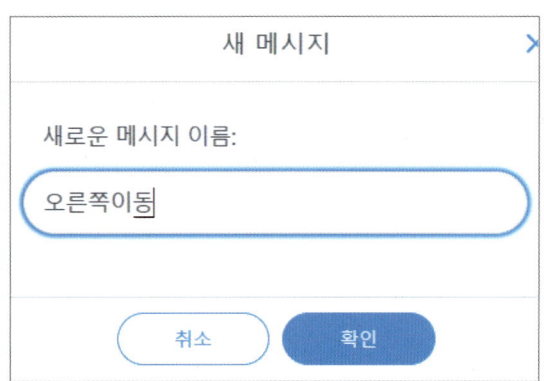

⑨ 이벤트 :  블록을 조건 안에 붙여 줍니다.

⑩ [만약 모션 센서의 롤 각도가 30보다 크다이(가) 참이면]을 복사해서 모션 센서 값을 '피치'로 변경해 줍니다.

⑪ 이벤트 :  블록을 가져와서, [새 메시지]를 '위로 이동'으로 만들어 줍니다.

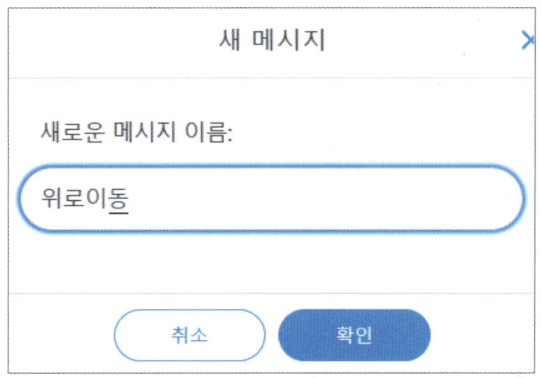

⑫ 이벤트 : 위로이동 을(를) 보내기 블록을 조건 안에 붙여 줍니다.

⑬ [만약 모션 센서의 롤 각도가 30보다 크다이(가) 참이면]을 복사해서 모션 센서 값을 '피치'로 변경해 줍니다.

⑭ 제어 : 만약 이(가) 참이면 블록을 가져옵니다.

⑮ 연산 : < 30 블록을 가져옵니다.

⑯ 감지 : 위로이동 을(를) 보내기 블록을 가져와서 < 30 블록에 넣어줍니다.

⑰ 완성된 조건을 만약 이(가) 참이면 블록 조건에 넣어 줍니다.

⑱ 이벤트 :  블록을 가져와서 [새 메시지]를 '왼쪽 이동'으로 만들어 줍니다.

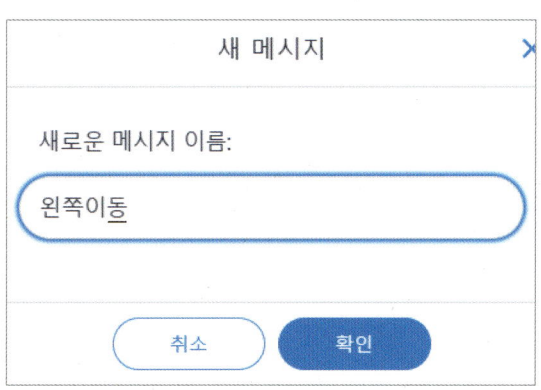

⑲ 이벤트 : 왼쪽이동 을(를) 보내기 블록을 조건 안에 붙여 줍니다.

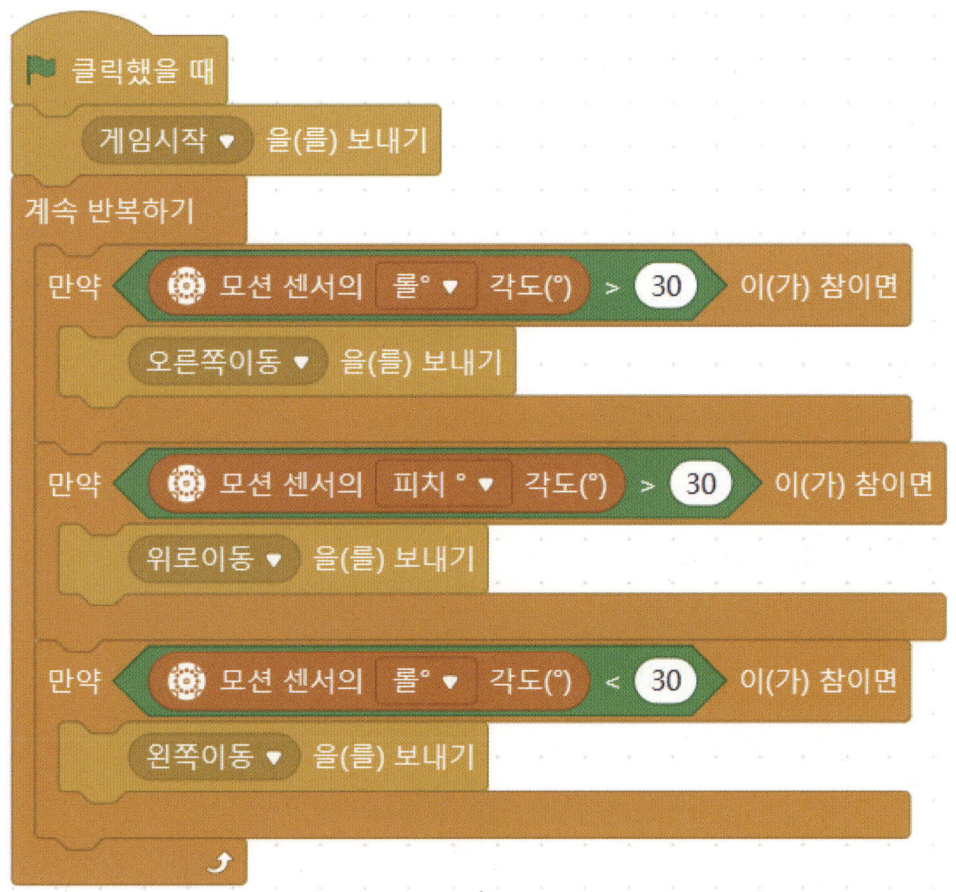

⑳ [만약 모션 센서의 롤 각도가 30보다 작다이(가) 참이면]을 복사해서 모션 센서 값을 '피치'로 변경해 줍니다.

㉑ 이벤트 :  블록을 가져와서 [새 메시지]를 '아래로 이동'으로 만들어 줍니다.

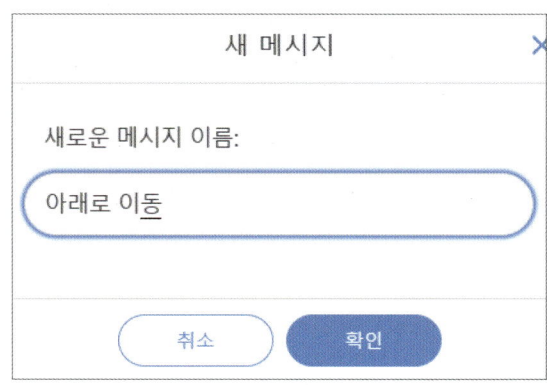

㉒ 이벤트 :  블록을 조건 안에 붙여 줍니다.

㉓ [만약 모션 센서의 롤 각도가 30보다 크다이(가) 참이면]을 복사해서 모션 센서 값을 '피치'로 변경해 줍니다.

실습 내용 정리

mBlock5와 할로코드를 활용하여 독창적인 술래잡기 게임을 기획했습니다. 이 과정에서 블록 코딩을 통해 게임 로직을 구현하고 모션 센서를 활용한 상호 작용을 경험했습니다. 실제로 활동이 잘 이루어졌는지 점검을 해보세요.

1. 게임 디자인과 로직 개발

- ✅ 술래잡기 게임의 규칙과 로직을 직접 생각하고 설계했습니다. 이를 통해 게임 디자인 능력을 발휘했습니다.
- ✅ 할로코드의 모션 센서를 활용하여 판다 캐릭터를 움직이게 하는 기능을 구현했습니다.

2. 블록 코딩을 통한 게임 메커니즘 구현

- ✅ [이벤트]와 [제어] 블록을 사용하여 게임의 시작과 플레이어의 움직임을 감지하는 로직을 구축했습니다.
- ✅ [만약] 블록과 [모션 센서의 각도]를 활용하여 플레이어의 움직임에 따라 게임의 상태가 변화하도록 설정했습니다.

탐색하기

1. 게임 개선 아이디어

자신의 술래잡기 게임을 더 발전시켜 보세요. 더 다양한 게임 조건을 추가하거나 게임의 사용자 화면을 개선해 보세요.

2. 코딩과 운동

코딩을 통해 실제 운동을 즐길 수 있는 방법은 무엇이 있을까요? 다양한 아이디어를 탐색해 보세요.

3. 모험 기록

술래잡기 게임 모델링 프로젝트를 통해 어떤 창의적인 아이디어가 떠올랐나요? 게임 디자인을 통해 어떤 것을 배웠나요?

CHAPTER 24

모션 센서로 술래잡기 게임 만들기 2

학습 목표

1. mBlock5 앱을 사용하여 술래잡기 게임을 모델링할 수 있습니다.
2. 블록 코딩을 활용하여 술래잡기 게임의 로직을 구현할 수 있습니다.
3. 창의적인 코딩 프로젝트를 통해 문제 해결 능력과 팀워크 능력을 기를 수 있습니다.

모험 준비

이번 챕터에서 만나게 될 모험은 지난 챕터에 이어 디지털 술래잡기 게임을 만드는 것입니다. mBlock5 앱과 할로코드의 모션 센서를 활용해 실시간으로 플레이어의 움직임을 감지하는 로직을 구현해 보겠습니다. 이 프로젝트를 통해 실제 움직임을 어떻게 감지하고, 게임 내에서 반영할 수 있는지 배워 보겠습니다. 그리고 이 모든 것을 하면서 창의적인 코딩 프로젝트의 흥미로운 세계를 체험해 보겠습니다.

디지털 술래잡기는 실제 움직임을 감지하여 게임을 진행하는 신기한 게임입니다. mBlock5 앱을 열어 할로코드와 함께 블록들을 쌓아 보며 이 신기한 게임을 만들어 봅시다. 플레이어는 어떻게 움직일 수 있을까요? 술래는 어떻게 플레이어를 잡을 수 있을까요?

이제, 코딩의 모험을 통해 팀워크와 창의력을 키우는 여정을 시작해 봅시다!

모험 과제

1 게임 디자인하기

1. 할로코드의 모션 센서를 이용해서 판다를 움직이게 만들 수 있습니다.
2. 스프라이트 닭을 이용해서 자유롭게 움직이게 만들 수 있습니다.
3. 판다가 닭을 만나면 게임이 종료됩니다.

2 술래잡기 게임 모델링 프로젝트

1. 할로코드의 모션 센서를 이용하여 판다를 자유롭게 움직이게 만듭니다.
2. 스프라이트 닭을 자유롭게 움직이게 만듭니다.
3. 판다와 닭이 만나면 게임이 종료됩니다.

3 판다 스프라이트 프로그램 작성

할로코드의 모션 센서를 통해 명령에 따라 판다를 움직이게 만들어 봅니다.

실습 예제 프로그램 ●━━━━━━━━━━━━━━━━━━━●

① 이벤트 : `게임시작 ▼ 을(를) 받았을 때` 블록을 가져옵니다.

② 동작 : `x: 0 y: 0 로(으로) 이동하기` 블록을 가져옵니다.

③ 제어 : 실행 시 반복해서 체크할 수 있게 `계속 반복하기` 블록을 붙여 줍니다.

④ 제어 : `만약 ◆ 이(가) 참이면` 블록을 가져옵니다.

⑤ 관찰 : Rooster2에 닿았나요? 블록을 가져와서 조건에 넣어 줍니다.

⑥ 형태 : 잡았당!! 을(를) 1 초 동안 말하기 블록을 가져와서 조건 블록 안에 넣어 줍니다.

⑦ 이벤트 : 게임종료 을(를) 보내기 블록을 가져와서 조건 블록 안에 넣어 줍니다.

⑧ 이벤트 : 오른쪽이동 을(를) 받았을 때 블록을 가져옵니다.

⑨ 동작 : x 좌표를 10 만큼 변경하기 블록을 가져옵니다.

⑩ 동작 : 벽에 닿으면 튕기기 블록을 가져옵니다.

⑪ 이벤트 : 왼쪽이동 을(를) 받았을 때 블록을 가져옵니다.

⑫ 동작 : x 좌표를 10 만큼 변경하기 블록을 가져옵니다.

⑬ 동작 : 벽에 닿으면 튕기기 블록을 가져옵니다.

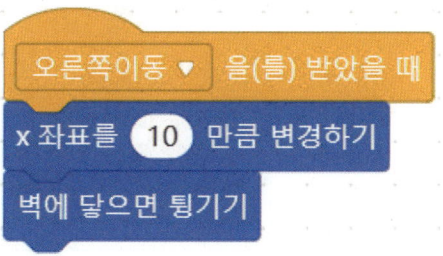 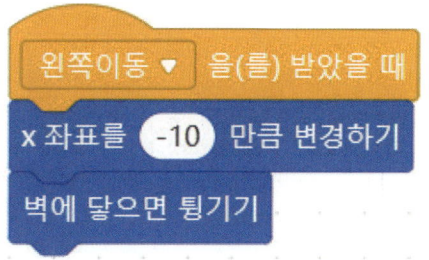

⑭ 이벤트 : `위로이동 ▼ 을(를) 받았을 때` 블록을 가져옵니다.

⑮ 동작 : `y 좌표를 10 만큼 변경하기` 블록을 가져옵니다.

⑯ 동작 : `벽에 닿으면 튕기기` 블록을 가져옵니다.

⑰ 이벤트 : `아래로 이동 ▼ 을(를) 받았을 때` 블록을 가져옵니다.

⑱ 동작 : `y 좌표를 -10 만큼 변경하기` 블록을 가져옵니다.

⑲ 동작 : `벽에 닿으면 튕기기` 블록을 가져옵니다.

4 닭 스프라이트 프로그램 작성

할로코드의 모션 센서를 통해 명령에 따라 닭을 움직이게 만들어 봅니다.

실습 예제 프로그램

스프라이트 추가를 선택합니다. → 검색하기에서 rooster2를 입력합니다. → 닭을 선택하고 확인을 누릅니다.

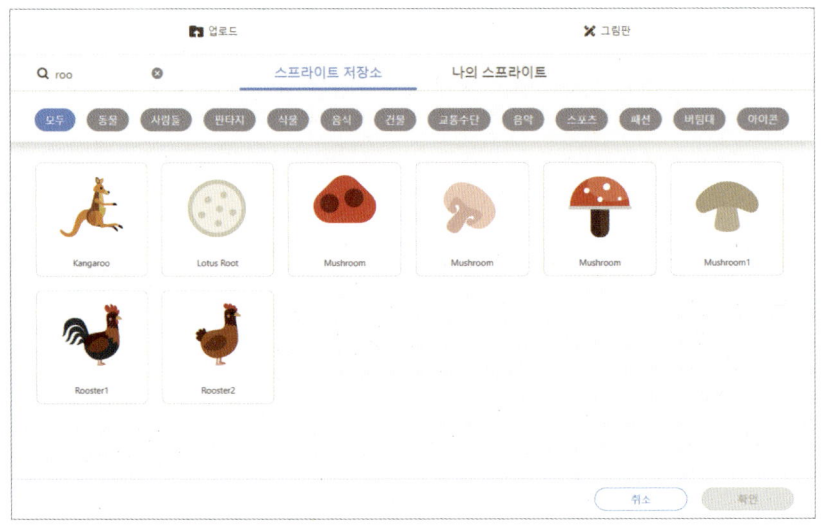

① 이벤트 : 게임시작▼ 을(를) 받았을 때 블록을 가져옵니다.

② 동작 : 임의의 위치▼ 위치로 이동하기 블록을 가져옵니다.

③ 제어 : 실행 시 반복해서 체크할 수 있게 계속 반복하기 블록을 붙여줍니다.

④ 동작 : 1 초 동안 임의의 위치▼ 으로 이동하기 블록을 가져옵니다.

⑤ 동작 : 벽에 닿으면 튕기기 블록을 가져옵니다.

⑥ 동작 : 회전 방식을 왼쪽-오른쪽▼ 로 정하기 블록을 가져옵니다.

⑦ 이벤트 : 게임종료▼ 을(를) 받았을 때 블록을 가져옵니다.

⑧ 제어: 정지 모두▼ 블록을 가져옵니다.

실습 내용 정리

mBlock5와 할로코드를 활용하여 독창적인 술래잡기 게임을 만들었습니다. 이 과정에서 플레이어가 모션 센서를 활용하여 자신의 움직임을 게임에 반영하고, 특정 조건에서 게임 종료의 로직을 구현했습니다. 실제로 활동이 잘 이루어졌는지 점검을 해보세요.

1. 플레이어 상호 작용 및 게임 플레이 테스트

- 플레이어 위치를 모션 센서 데이터로 설정하여 실시간으로 플레이어의 움직임을 게임에 반영했습니다.
- 술래와 플레이어의 거리를 계산하여 특정 조건에서 게임이 종료되도록 로직을 구현했습니다.

2. 판다와 닭 스프라이트 프로그래밍

- 판다와 닭 스프라이트를 각각 프로그래밍하여, 게임 내에서 캐릭터들이 서로 상호 작용하도록 만들었습니다.

3. 할로코드 프로그래밍

- 할로코드를 사용하여 게임의 물리적 상호 작용을 구현했습니다. 예를 들어, 모션 센서를 통해 플레이어가 실제로 움직이는 것처럼 반응하도록 설정했습니다.

탐색하기

1. 게임 개선 아이디어

술래잡기 게임을 더 발전시켜 보세요. 더 다양한 게임 조건을 추가하거나 게임의 사용자 화면를 개선해 보세요.

---

2. 코딩과 운동

코딩을 통해 실제 운동을 즐길 수 있는 방법은 무엇이 있을까요? 다양한 아이디어를 탐색해 보세요.

---

3. 모험 기록

술래잡기 게임 모델링 프로젝트를 통해 어떤 창의적인 아이디어가 떠올랐나요? 게임 디자인을 통해 어떤 것을 배웠나요?

저자&감수자

저자 김은아
- (현) (사)행복교육중앙회 교육이사
- 평택대학교 상담학 석사 졸업
- 경기도교육감 표창장 수상

감수 이신우
- (현) 디지털융합교육원 교육전문가
- (현) 한국AI예술협회 수석부회장
- (현) AI프롬프트연구소 팀장